Latein - Mandalas
und Bilder zum Ausmalen

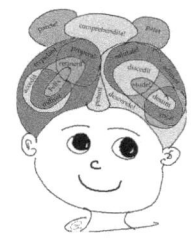

Kleine Fitnessübungen für's Gehirn

zum Trainieren der Verben (Zeiten)

Präsens - Imperfekt - Futur
(Indikativ Aktiv)

von
Veronika Puzio

Hinweise zu Aufbau und Verwendung

Latein – Der Gedanke an diese Sprache löst bei vielen Schülern eher ein tiefes Stöhnen als einen Jubelschrei aus. Damit sich das Stöhnen mehr in ein zufriedenes Seufzen wandelt, dafür ist dieses Latein-Übungsheft gedacht...

Jede Übungseinheit beginnt mit einem Mandala oder Bild, das nach bestimmten Vorgaben ausgemalt werden soll.
Das anschließende Vergleichen der Farben des eigenen Bildes mit denen des Lösungsbildes schult die Wahrnehmung und Aufmerksamkeit, die wichtige Voraussetzungen für das Verstehen von Zusammenhängen sind.
Durch das Übertragen der Wortformen aus den Mandalas/Bildern in die Tabellen und das Ausfüllen der leeren Felder werden die Konjugationsformen wiederholt und noch einmal übersichtlich in Struktur dargestellt. Das Ergänzen der Tabellen zeigt dem Übenden, wie gut er die Wörter und Formen schon beherrscht, gibt aber gleichzeitig durch die bereits vorgegebenen Formen aus den Bildern demjenigen Schüler Hilfestellung, der noch nicht so fit ist, so dass dieser durch Abschauen und Übertragen ebenfalls die Aufgaben erfolgreich abschließen kann.
Am Ende dieses Übungsheftes finden sich die Lösungsbilder und -verbformen, um dem Schüler eine eigenständige Kontrolle zu ermöglichen.

Zum inhaltlichen Aufbau des Buches:
Begonnen wird mit dem Präsens, dann folgen Imperfekt und Futur. Zunächst werden die Konjugationen einzeln trainiert, danach schließen sich drei Übungen an, in denen alle Konjugationen gemeinsam vorkommen.
Die letzten drei Übungen des Buches vereinen sowohl die Konjugationen als auch die drei bis dahin geübten Zeitformen.
Die Formen des Perfekts und Plusquamperfekts folgen in einem separaten Übungsband, weil der Trainingsschwerpunkt hier ein anderer ist.

Es empfiehlt sich, zu Beginn der Arbeit mit dem Buch die Lösungsseiten vorsichtig herauszutrennen/-schneiden, um sie zum abschließenden Vergleich neben die Übung legen zu können.
(**Liebe Latein-Lernende:** Natürlich *kann* man sich die Lösungen vorher anschauen und alles abschreiben... Gut, das wäre zumindest mal eine kleine Wiederholungsübung, allerdings ist die lange nicht so wirkungsvoll...
Wenn du *wirklich* den größtmöglichen Nutzen aus diesem Buch ziehen willst, dann bearbeite es so, wie es gedacht ist!
Du siehst, es geht hier immer nur um dich! Blockierst du dich oder unterstützt du dich? Es ist **deine** Entscheidung!)
Ein weiterer Tipp: Buntstifte erleichtern eventuell nötige Korrekturen.

Die Vokabeln sind dem Latein-Lehrbuch „Felix", 2011, 4. Auflage bis einschließlich Lektion 24 entnommen, sollten aber auch Schülern, die mit anderen Büchern arbeiten, bekannt sein. Wenn nicht, kann die Übersetzung in einem Wörterbuch nachgeschlagen werden.

Liebe Latein-Lernende!

Als ich in der Schule wählen durfte, ob ich als zweite Fremdsprache Latein oder Französisch lernen wollte, habe ich mich für Latein entschieden. Ich habe mich total darauf gefreut, in diese völlig neue Sprache eintauchen zu dürfen, die mich irgendwie mit einer ganz anderen Zeit in Verbindung brachte und doch gleichzeitig überall in unserer eigenen Sprache ihre Spuren hinterlassen hat.

Mir hat der Lateinunterricht echt Spaß gemacht! Für mich war das Übersetzen wie ein mysteriöses Rätsel in einem Abenteuerroman, das es zu entschlüsseln galt. Ich saß vor zunächst kryptisch anmutenden Wörterreihen, deren Bedeutung ich unbedingt herausfinden wollte. Je besser ich die Vokabeln der Lektionen kannte, desto schneller fand ich Anknüpfungspunkte zur Lösung dieses Rätsels. Es hat mir echt Freude bereitet, die Konstruktionen wie AcI oder NcI zu entdecken und damit nach und nach alle Puzzleteile zusammensetzen zu können, bis sie gemeinsam einen Sinn ergaben. Mir war klar, dass ich, um meinen „Entschlüsselungstrieb" befriedigen zu können, sowohl die Bedeutungen der Wörter als auch ihre „Baupläne" kennen musste.

Vor diesem Hintergrund war das Vokabel- und Grammatiklernen mehr wie das Erforschen von notwendigen Hilfsmitteln und das Erlangen von Fachkenntnissen (Auch ein Maurer muss wissen, was eine Kelle ist oder wie man Beton richtig mischt. Oder der Manager eines Großkonzerns muss wissen, wie man Kalkulationspläne aufstellt und Menschen und Maschinen wirtschaftlich nutzbringend einsetzt. Und genauso muss ein Kommissar sich mit Spurensuche und Ausfragemethoden auskennen, um nur einige Beispiele zu nennen...) Ja, und wie das so im Leben ist, wenn man Spaß an einer Sache findet, dann wird man auch richtig gut darin! Genau so war es dann auch bei mir und noch heute bin ich meiner damaligen Lehrerin Frau Walter total dankbar für ihren für mich wunderbaren Unterricht. (Und unsere Bücher waren lange nicht so interessant gestaltet, wie sie es heute sind! Hut ab!)

Was ich dir damit sagen möchte, ist, dass in allererster Linie du selbst durch deine Einstellung darüber entscheidest, ob du Erfolg haben wirst oder nicht. Egal wie gut dein Lehrer, dein Lehrbuch oder dein Übungsbuch ist oder wie unterstützend auch immer deine Eltern, Freunde oder dein Nachhilfeunterricht sein mögen, nichts wird dir wirklich Erfolg bringen, solange du durch eine dunkle Brille schaust und sagst: „Latein ist sch..." Selbst die strahlende Sonne sieht durch eine Sonnenbrille nur noch schwach leuchtend aus...

Du selbst entscheidest, welche Brille du in den verschiedenen Bereichen deines Lebens trägst, wie farbenfroh also dein Leben ist!
Welche Wahl hast du für Latein getroffen?

In diesem Sinne:

Carpe horam, diem et instrumentum!!

Veronika Puzio

Bibliografische Information der Deutschen Nationalbibliothek:
Die Deutsche Nationalbibliothek verzeichnet diese Publikation in der Deutschen Nationalbibliografie;
detaillierte bibliografische Daten sind im Internet über http://dnb.d-nb.de abrufbar.

Alle Rechte vorbehalten.
Das Werk ist urheberrechtlich geschützt. Jede Verwertung außerhalb der Freigrenzen des Urheberrechts ist ohne schriftliche Zusage des Copyright-Besitzers unzulässig und strafbar. Das gilt insbesondere für Vervielfältigungen, Übersetzungen und die Einspeicherung und Verarbeitung in elektronischen Systemen.

© 2013 Veronika Puzio
www.vroya.de
Neuauflage 2013

Umschlaggestaltung: Veronika Puzio
Zeichnungen: Veronika Puzio
Korrektorat: Christine Zeller
Herstellung und Verlag: BoD - Books on Demand, Norderstedt

ISBN 978-3-7322-9401-5

Inhaltsverzeichnis

- Übung 1: a-Konjugation Präsens (Indikativ Aktiv) 6
- Übung 2: e-Konjugation Präsens (Indikativ Aktiv) 8
- Übung 3: konsonantische Konjugation Präsens (Indikativ Aktiv) 10
- Übung 4: i-Konjugation Präsens (Indikativ Aktiv) 12
- Übung 5: Hilfsverb esse und Ableitungen davon, Präsens (Indikativ Aktiv) 14
- Übung 6: alle Konjugationen Präsens (Indikativ Aktiv) 16
- Übung 7: alle Konjugationen Präsens (Indikativ Aktiv) 18
- Übung 8: alle Konjugationen Präsens (Indikativ Aktiv) 20
- Übung 9: a-Konjugation Imperfekt (Indikativ Aktiv) 22
- Übung 10: e-Konjugation Imperfekt (Indikativ Aktiv) 24
- Übung 11: konsonantische Konjugation Imperfekt (Indikativ Aktiv) 26
- Übung 12: i-Konjugation Imperfekt (Indikativ Aktiv) 28
- Übung 13: Hilfsverb esse und Ableitungen davon, Imperfekt (Indikativ Aktiv) 30
- Übung 14: alle Konjugationen Imperfekt (Indikativ Aktiv) 32
- Übung 15: alle Konjugationen Imperfekt (Indikativ Aktiv) 34
- Übung 16: alle Konjugationen Imperfekt (Indikativ Aktiv) 36
- Übung 17: a-Konjugation Futur (Indikativ Aktiv) 38
- Übung 18: e-Konjugation Futur (Indikativ Aktiv) 40
- Übung 19: konsonantische Konjugation Futur (Indikativ Aktiv) 42
- Übung 20: i-Konjugation Futur (Indikativ Aktiv) 44
- Übung 21: Hilfsverb esse und Ableitungen davon, Futur (Indikativ Aktiv) 46
- Übung 22: alle Konjugationen Futur (Indikativ Aktiv) 48
- Übung 23: alle Konjugationen Futur (Indikativ Aktiv) 50
- Übung 24: alle Konjugationen Futur (Indikativ Aktiv) 52
- Übung 25: alle Konjugationen – Präsens, Imperfekt, Futur (Indikativ Aktiv) ... 54
- Übung 26: alle Konjugationen – Präsens, Imperfekt, Futur (Indikativ Aktiv) ... 58
- Übung 27: alle Konjugationen – Präsens, Imperfekt, Futur (Indikativ Aktiv) ... 62
- Hinweise in eigener Sache 66
- Lösungsbilder 67
- Lösungen 68

Übung 1: a-Konjugation Präsens (Indikativ Aktiv)

Male die Felder mit den Verbformen so an:

1. Person Sing. und Pl. - orange
2. Person Sing. und Pl. - hellgrün
3. Person Sing. und Pl. - gelb
Imperativ Sing. und Pl. - lila

deutsche Wörter - hellgrau

1.1 Vergleiche dein Bild mit der Lösung auf Seite 67 und korrigiere, wo es nötig ist.

1.2 Trage die Verbformen aus dem Bild in die entsprechenden Felder der Tabelle ein. Schreibe jedes Verb in eine eigene Spalte.

Infinitiv				
Deutsch				
Singular 1. Pers.				
Singular 2. Pers.				
Singular 3. Pers.				
Plural 1. Pers.				
Plural 2. Pers.				
Plural 3. Pers.				
Imperativ Sing.				
Imperativ Pl.				

Infinitiv				
Deutsch				
Singular 1. Pers.				
Singular 2. Pers.				
Singular 3. Pers.				
Plural 1. Pers.				
Plural 2 Pers.				
Plural 3. Pers.				
Imperativ Sing.				
Imperativ Pl.				

1.3 Hier findest du die Infinitive zu den obigen Verbformen. Trage sie ebenfalls in die Tabelle ein. Weißt du die deutsche Übersetzung? Super, dann füge sie auch gleich hinzu!

trepidare, disputare, spectare, probare, portare, violare, dubitare, fugare

1.4 Fast geschafft! Schreibe nun noch in die leeren Felder die richtigen Formen, vergleiche alles mit den Lösungen auf S. 68 (Korrigiere, wo es nötig ist.) und schon hat dein Gehirn ein kleines Latein-Fitnesstraining absolviert!

Übung 2: e-Konjugation Präsens (Indikativ Aktiv)

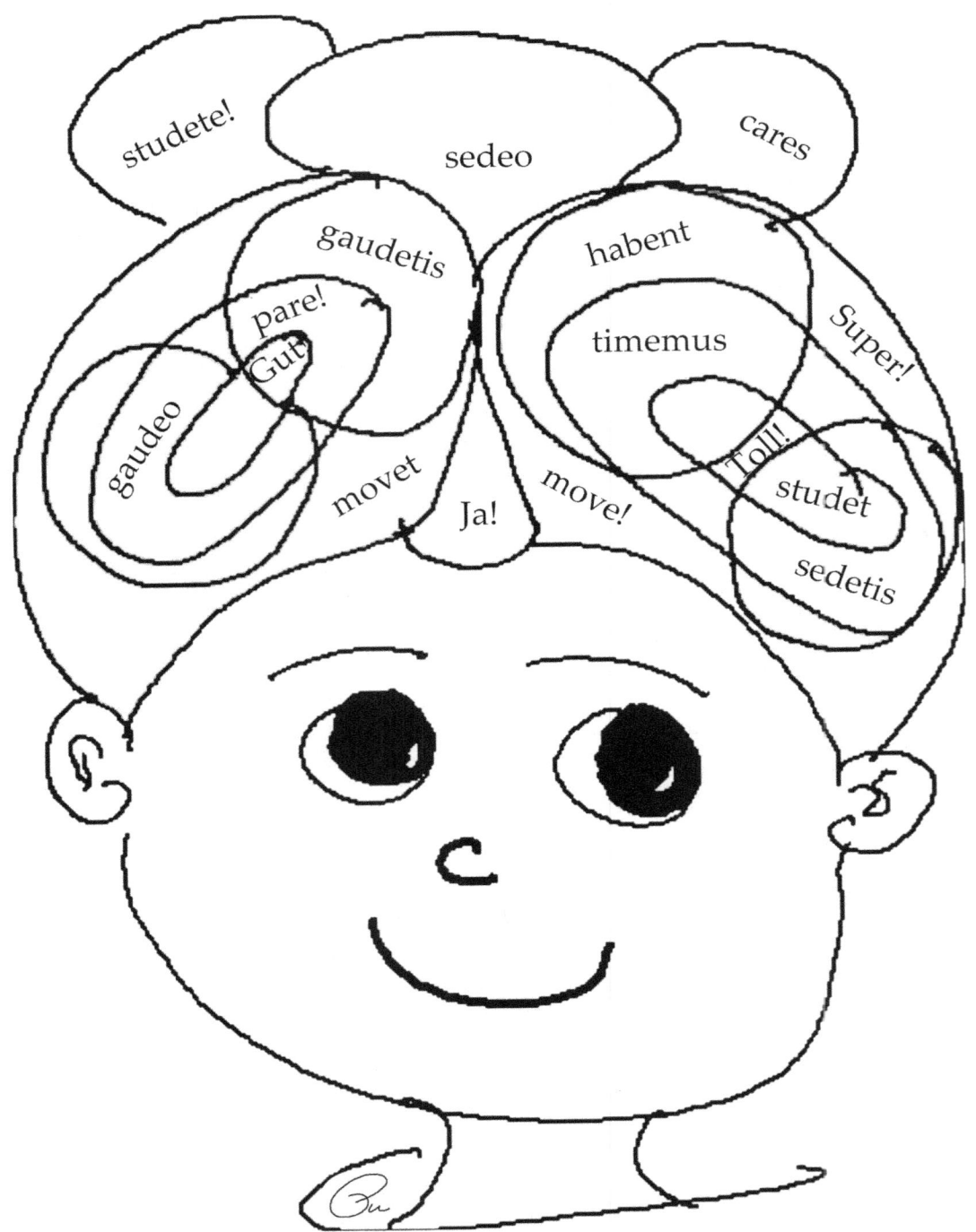

Male die Felder mit den Verbformen so an:

1. Person Sing. und Pl. - rot
2. Person Sing. und Pl. - gelb
3. Person Sing. und Pl. - blau
Imperativ Sing. und Pl. - grün

deutsche Wörter - rosa
leere Felder - braun

2.1 Vergleiche dein Bild mit der Lösung auf Seite 67 und korrigiere, wo es nötig ist.

2.2 Trage die Verbformen aus dem Bild in die entsprechenden Felder der Tabelle ein. Schreibe jedes Verb in eine eigene Spalte.

Infinitiv					
Deutsch					
Singular	1. Pers.				
	2. Pers.				
	3. Pers.				
Plural	1. Pers.				
	2. Pers.				
	3. Pers.				
Imperativ Sing.					
Imperativ Pl.					

Infinitiv					
Deutsch					
Singular	1. Pers.				
	2. Pers.				
	3. Pers.				
Plural	1. Pers.				
	2. Pers.				
	3. Pers.				
Imperativ Sing.					
Imperativ Pl.					

2.3 Hier findest du die Infinitive zu den obigen Verbformen. Trage sie ebenfalls in die Tabelle ein. Weißt du die deutsche Übersetzung? Super, dann füge sie auch gleich hinzu!

sedēre, timēre, movēre, habēre, carēre, studēre, gaudēre, parēre

2.4 Beinahe geschafft! Ergänze jetzt noch die leeren Felder, vergleiche alles mit den Lösungen auf S. 68 (Korrigiere, wo es nötig ist.) und schon du hast erfolgreich eine Latein-Fitnessrunde durchgeführt!

Übung 3: konsonantische Konjugation Präsens (Indikativ Aktiv)

Male die Felder mit den Verbformen so an:

1. Person Sing. und Pl. - hellgrün
2. Person Sing. und Pl. - rot
3. Person Sing. und Pl. - hellblau
Imperativ Sing. und Pl. - rosa

deutsche Wörter - lila
leere Felder - gelb

3.1 Vergleiche dein Bild mit der Lösung auf Seite 67 und korrigiere, wo es nötig ist.

3.2 Trage die Verbformen aus dem Bild in die entsprechenden Felder der Tabelle ein. Schreibe jedes Verb in eine eigene Spalte.

Infinitiv				
Deutsch				
Singular	1. Pers.				
	2. Pers.				
	3. Pers.				
Plural	1. Pers.				
	2. Pers.				
	3. Pers.				
Imperativ Sing.				
Imperativ Pl.				

Infinitiv				
Deutsch				
Singular	1. Pers.				
	2. Pers.				
	3. Pers.				
Plural	1. Pers.				
	2. Pers.				
	3. Pers.				
Imperativ Sing.				
Imperativ Pl.				

3.3 Hier findest du die Infinitive zu den obigen Verbformen. Trage sie ebenfalls in die Tabelle ein. Weißt du die deutsche Übersetzung? Super, dann füge sie auch gleich hinzu!

ludere, facere (facio), desistere, cupere (cupio), pellere, ostendere, emere, vendere

3.4 Fast fertig! Ergänze jetzt noch die leeren Felder, vergleiche alles mit den Lösungen auf S. 68 (Korrigiere, wo es nötig ist.) und schon ist diese Latein-Gehirnjoggingrunde geschafft!

Übung 4: i-Konjugation Präsens (Indikativ Aktiv)

Male die Felder mit den Verbformen so an:

1. Person Sing. und Pl. - lila
2. Person Sing. und Pl. - rot
3. Person Sing. und Pl. - rosa
Imperativ Sing. und Pl. - blau

deutsche Wörter - gelb
leere Felder - hellgrün

4.1 Vergleiche dein Bild mit der Lösung auf Seite 67 und korrigiere, wo es nötig ist.

4.2 Trage die Verbformen aus dem Bild in die entsprechenden Felder der Tabelle ein. Schreibe jedes Verb in eine eigene Spalte.

Infinitiv				
Deutsch				
Singular 1. Pers.				
Singular 2. Pers.				
Singular 3. Pers.				
Plural 1. Pers.				
Plural 2. Pers.				
Plural 3. Pers.				
Imperativ Sing.				
Imperativ Pl.				

Infinitiv				
Deutsch				
Singular 1. Pers.				
Singular 2. Pers.				
Singular 3. Pers.				
Plural 1. Pers.				
Plural 2. Pers.				
Plural 3. Pers.				
Imperativ Sing.				
Imperativ Pl.				

4.3 Hier findest du die Infinitive zu den obigen Verbformen. Trage sie ebenfalls in die Tabelle ein. Weißt du die deutsche Übersetzung? Super, dann füge sie auch gleich hinzu!

dormire, venire, punire, invenire, audire, sentire, scire, custodire

4.4 Beinahe geschafft! Ergänze jetzt noch die leeren Felder, vergleiche alles mit den Lösungen auf S. 68 (Korrigiere, wo es nötig ist.) und schon du hast erfolgreich ein Latein-Fitnesstraining durchgeführt!

Übung 5: Hilfsverb esse und Ableitungen davon, Präsens (Indikativ Aktiv)

Male die Felder mit den Verbformen so an:

1. Person Sing. und Pl. - dunkelgrün
2. Person Sing. und Pl. - hellgrün
3. Person Sing. und Pl. - hellblau
Imperativ Sing. und Pl. - dunkelblau

deutsche Wörter - gelb
leere Felder - braun

5.1 Vergleiche dein Bild mit der Lösung auf Seite 67 und korrigiere, wo es nötig ist.

5.2 Trage die Verbformen aus dem Bild in die entsprechenden Felder der Tabelle ein. Schreibe jedes Verb in eine eigene Spalte.

Infinitiv					
Deutsch					
Singular	1. Pers.				
	2. Pers.				
	3. Pers.				
Plural	1. Pers.				
	2. Pers.				
	3. Pers.				
Imperativ Sing.					
Imperativ Pl.					

5.3 Hier findest du die Infinitive zu den obigen Verbformen. Trage sie ebenfalls in die Tabelle ein. Weißt du die deutsche Übersetzung? Super, dann füge sie auch gleich hinzu!

esse, deesse, adesse, abesse

5.4 Und zum guten Schluss: Ergänze jetzt noch die leeren Felder, vergleiche alles mit den Lösungen auf S. 68 (Korrigiere, wo es nötig ist.) und du hast eine wertvolle Latein-Gehirnjoggingrunde hinter dir!

Übung 6: alle Konjugationen Präsens (Indikativ Aktiv)

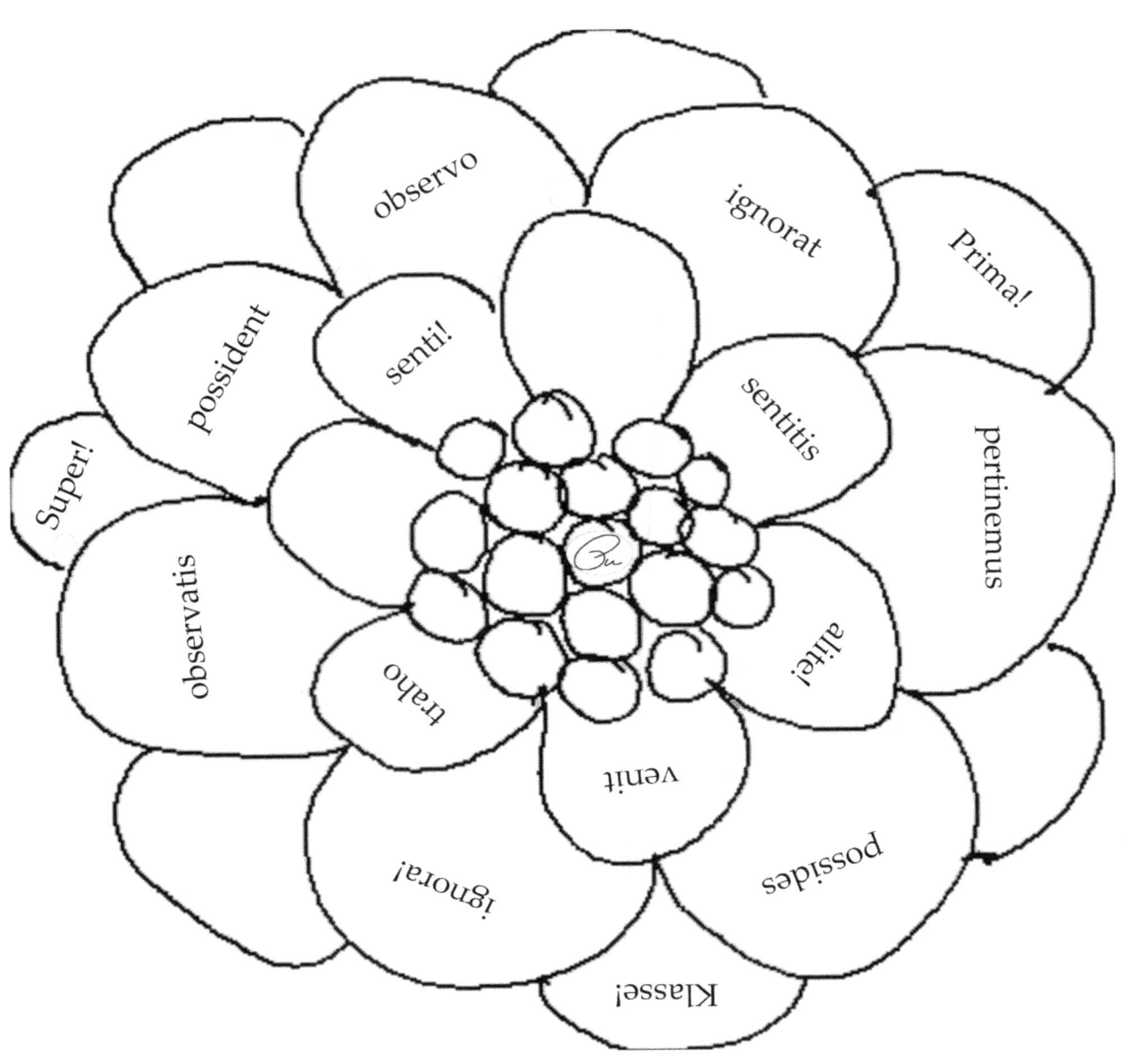

Male die Felder mit den Verbformen so an:

1. Person Sing. und Pl. - hellrot
2. Person Sing. und Pl. - dunkelrot
3. Person Sing. und Pl. - rosa
Imperativ Sing. und Pl. - lila

deutsche Wörter - gelb
Runde in der Mitte - gelb
leere Felder - orange

6.1 Vergleiche dein Bild mit der Lösung auf Seite 67 und korrigiere, wo es nötig ist.

6.2 Hier findest du die Infinitive zu den Verbformen. Trage sie in die Tabelle ein und notiere die Konjugation. Weißt du die deutsche Übersetzung? Super, dann füge sie auch gleich hinzu! observare, ignorare, pertinēre, possidēre, alere, trahere, sentire, venire

Konjugation				
Infinitiv				
Deutsch				
Singular 1. Pers.				
Singular 2. Pers.				
Singular 3. Pers.				
Plural 1. Pers.				
Plural 2. Pers.				
Plural 3. Pers.				
Imperativ Sing.				
Imperativ Pl.				

Konjugation				
Infinitiv				
Deutsch				
Singular 1. Pers.				
Singular 2. Pers.				
Singular 3. Pers.				
Plural 1. Pers.				
Plural 2. Pers.				
Plural 3. Pers.				
Imperativ Sing.				
Imperativ Pl.				

6.3 Trage nun die Verbformen aus dem Bild in die passenden Felder der Tabelle ein.

6.4 Beinahe geschafft! Ergänze jetzt noch die leeren Felder, vergleiche alles mit den Lösungen auf S. 68 (Korrigiere, wo es nötig ist.) und schon du hast eine Latein-Fitnesseinheit durchgeführt!

Übung 7: alle Konjugationen Präsens (Indikativ Aktiv)

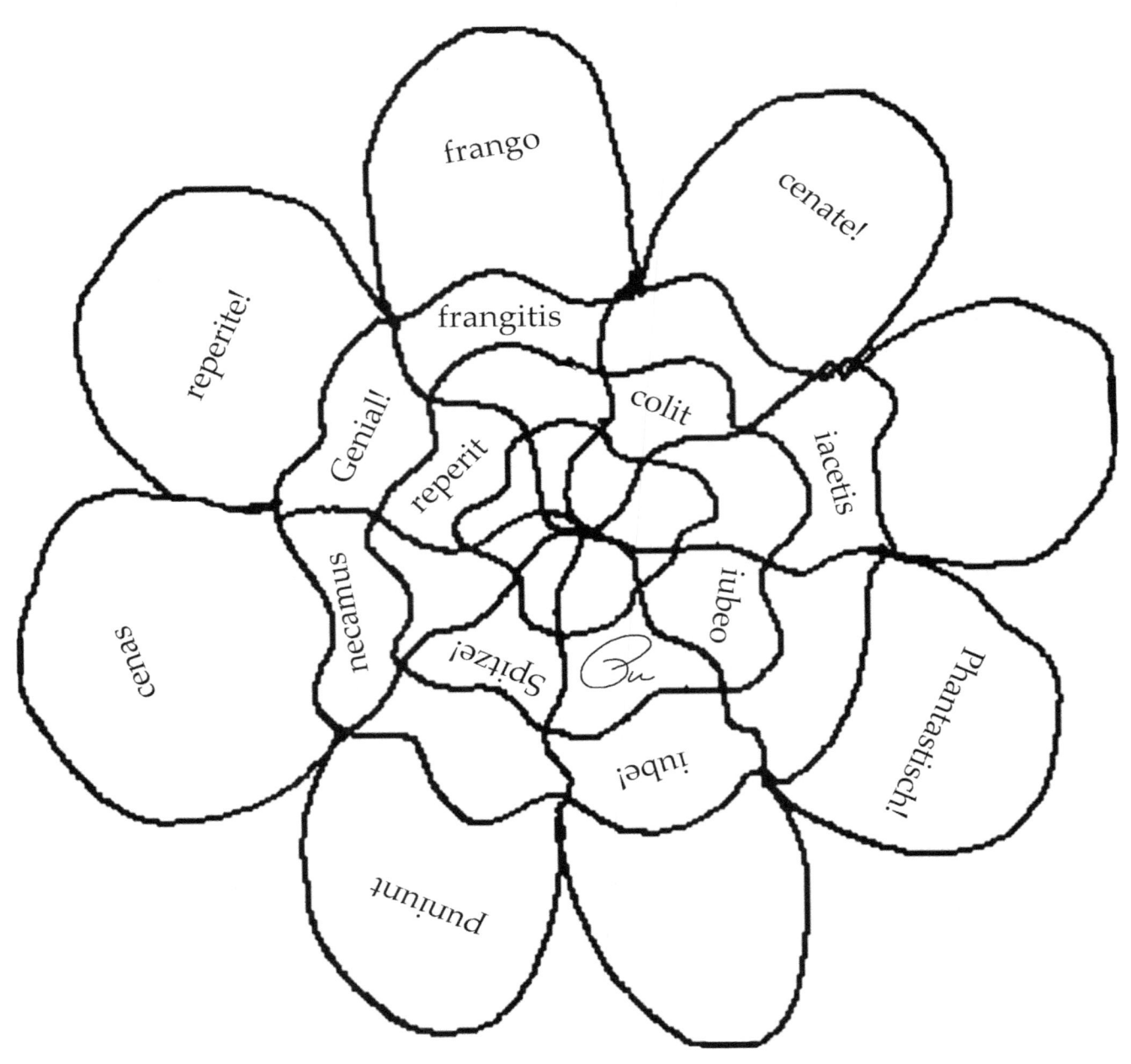

Male die Felder mit den Verbformen so an:

1. Person Sing. und Pl. - hellgrün   deutsche Wörter - gelb
2. Person Sing. und Pl. - hellblau   sonstige Felder - dunkelblau
3. Person Sing. und Pl. - rosa
Imperativ Sing. und Pl. - lila

7.1 Vergleiche dein Bild mit der Lösung auf Seite 67 und korrigiere, wo es nötig ist.

7.2 Hier findest du die Infinitive zu den Verbformen. Trage sie in die Tabelle ein und notiere die Konjugation. Weißt du die deutsche Übersetzung? Super, dann füge sie auch gleich hinzu! iubēre, iacēre, frangere, colere, punire, reperire, cenare, necare

Konjugation				
Infinitiv				
Deutsch				
Singular	1. Pers.				
	2. Pers.				
	3. Pers.				
Plural	1. Pers.				
	2. Pers.				
	3. Pers.				
Imperativ Sing.				
Imperativ Pl.				

Konjugation				
Infinitiv				
Deutsch				
Singular	1. Pers.				
	2. Pers.				
	3. Pers.				
Plural	1. Pers.				
	2. Pers.				
	3. Pers.				
Imperativ Sing.				
Imperativ Pl.				

7.3 Trage nun die Verbformen aus dem Bild in die passenden Felder der Tabelle ein.

7.4 Beinahe geschafft! Ergänze jetzt noch die leeren Felder, vergleiche alles mit den Lösungen auf S. 68 (Korrigiere, wo es nötig ist.) und wieder ist eine Latein-Fitnessrunde erfolgreich abgeschlossen!

Übung 8: alle Konjugationen Präsens (Indikativ Aktiv)

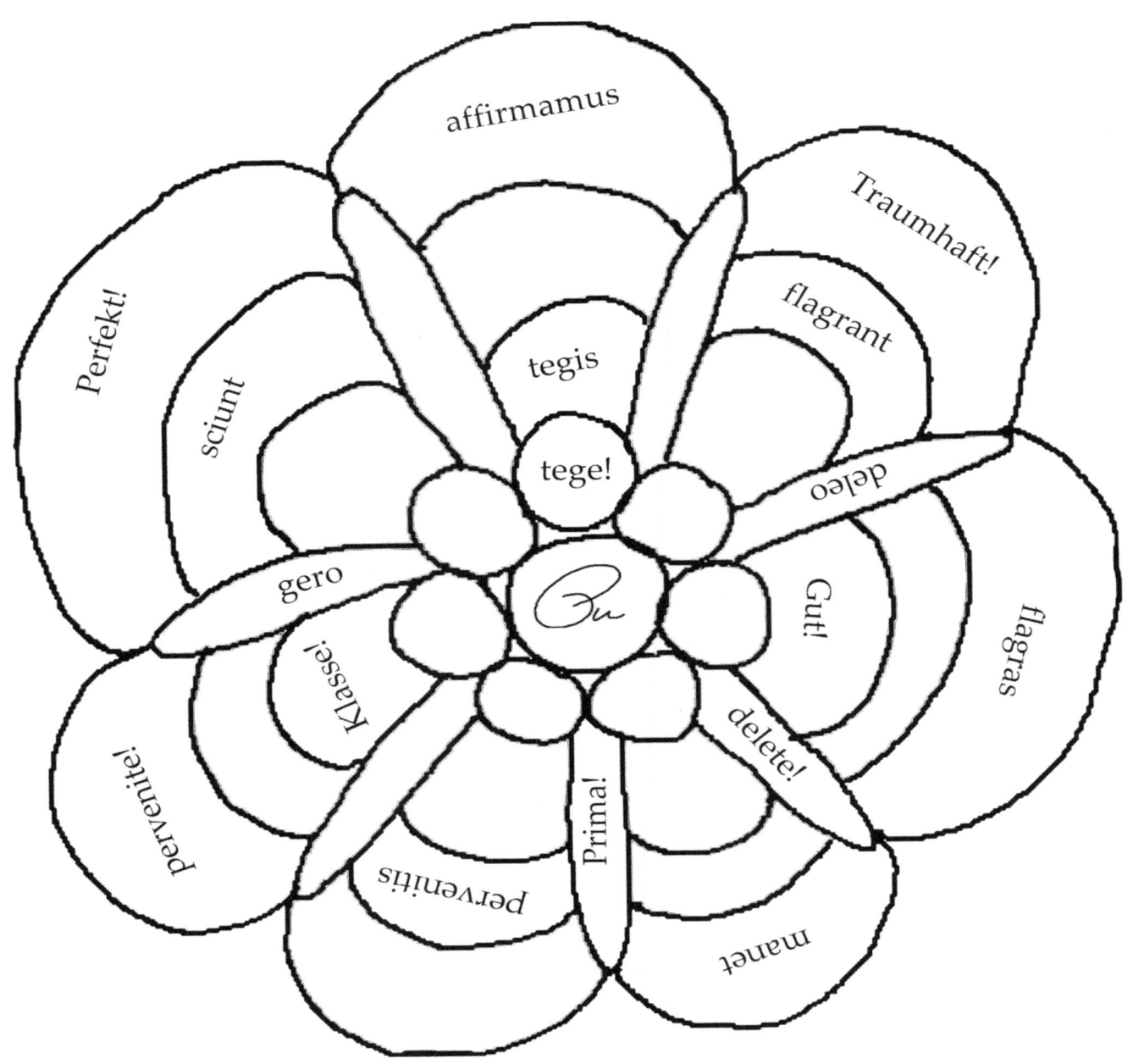

Male die Felder mit den Verbformen so an:

1. Person Sing. und Pl. - braun
2. Person Sing. und Pl. - beige
3. Person Sing. und Pl. - gelb
Imperativ Sing. und Pl. - orange

deutsche Wörter - lila
sonstige Felder - rot

8.1 Vergleiche dein Bild mit der Lösung auf Seite 67 und korrigiere, wo es nötig ist.

8.2 Hier findest du die Infinitive zu den Verbformen. Trage sie in die Tabelle ein und notiere die Konjugation. Weißt du die deutsche Übersetzung? Super, dann füge sie auch gleich hinzu! gerere, tegere, pervenire, scire, affirmare, flagrare, manēre, delēre

Konjugation				
Infinitiv				
Deutsch				
Singular	1. Pers.				
	2. Pers.				
	3. Pers.				
Plural	1. Pers.				
	2. Pers.				
	3. Pers.				
Imperativ Sing.				
Imperativ Pl.				

Konjugation				
Infinitiv				
Deutsch				
Singular	1. Pers.				
	2. Pers.				
	3. Pers.				
Plural	1. Pers.				
	2. Pers.				
	3. Pers.				
Imperativ Sing.				
Imperativ Pl.				

8.3 Trage nun die Verbformen aus dem Bild in die passenden Felder der Tabelle ein.

8.4 Beinahe geschafft! Ergänze jetzt noch die leeren Felder, vergleiche alles mit den Lösungen auf S. 69 (Korrigiere, wo es nötig ist.) und du kannst wirklich stolz auf dein Latein-Fitnesstraining sein!!

Übung 9: a-Konjugation Imperfekt (Indikativ Aktiv)

Male die Felder mit den Verbformen so an:

1. Person Sing. und Pl. - hellgrün   deutsche Wörter - gelb
2. Person Sing. und Pl. - dunkelrot   leere Felder - hellrot
3. Person Sing. und Pl. - dunkelgrün

9.1 Vergleiche dein Bild mit der Lösung auf Seite 67 und korrigiere, wo es nötig ist.

9.2 Trage die Verbformen aus dem Bild in die entsprechenden Felder der Tabelle ein. Schreibe jedes Verb in eine eigene Spalte.

	Infinitiv				
	Deutsch				
Singular	1. Pers.				
Singular	2. Pers.				
Singular	3. Pers.				
Plural	1. Pers.				
Plural	2. Pers.				
Plural	3. Pers.				

	Infinitiv				
	Deutsch				
Singular	1. Pers.				
Singular	2. Pers.				
Singular	3. Pers.				
Plural	1. Pers.				
Plural	2. Pers.				
Plural	3. Pers.				

9.3 Hier findest du die Infinitive zu den obigen Verbformen. Trage sie ebenfalls in die Tabelle ein. Weißt du die deutsche Übersetzung? Super, dann füge sie auch gleich hinzu!

pugnare, observare, circumdare, explicare, laudare, ambulare, laborare, exspectare

9.4 Gleich hast du es geschafft! Ergänze noch die leeren Felder, vergleiche alles mit den Lösungen auf S. 69 (Korrigiere, wo es nötig ist.) und eine neue Latein-Trainingseinheit ist absolviert!!

Übung 10: e-Konjugation Imperfekt (Indikativ Aktiv)

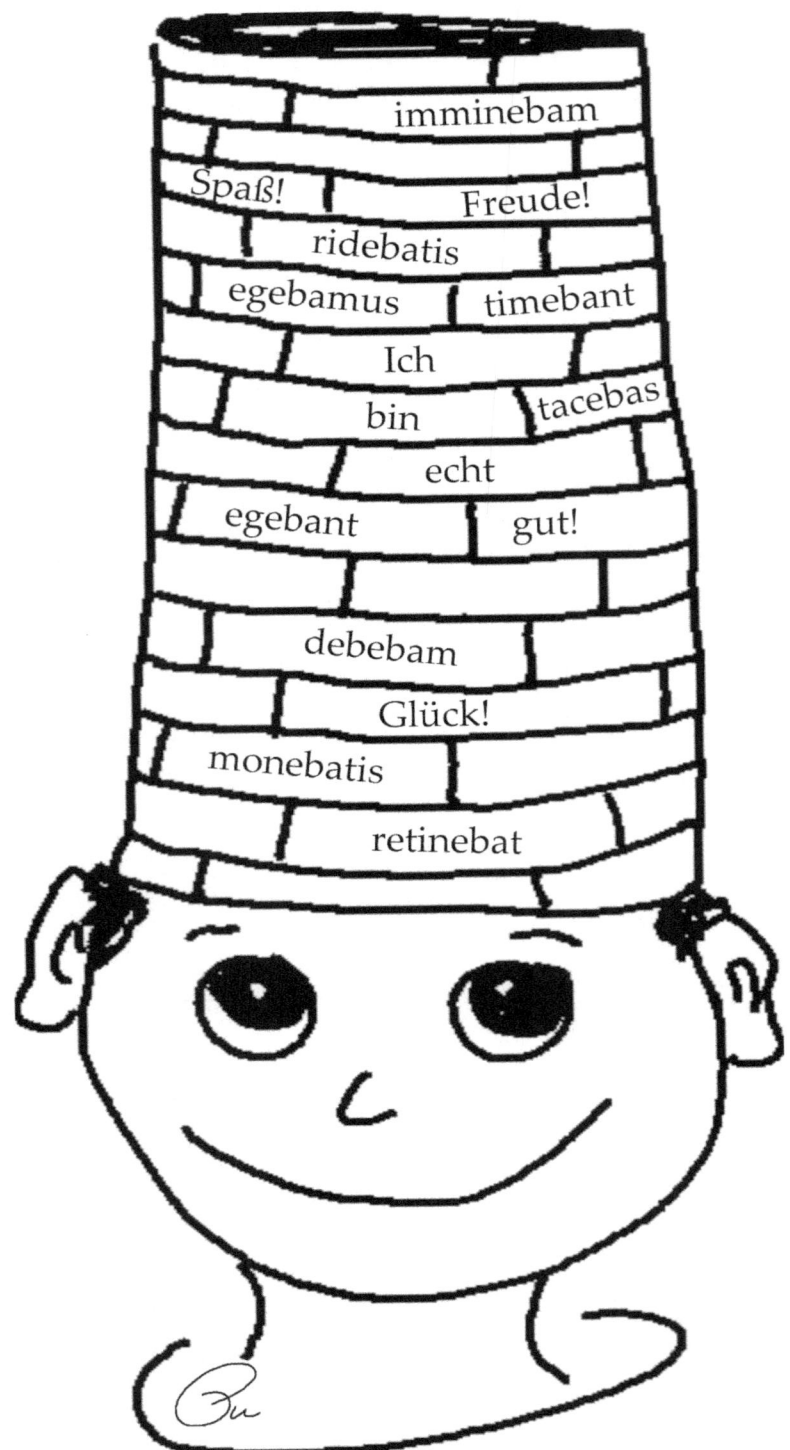

Male die Felder mit den Verbformen so an:

1. Person Sing. und Pl. - lila
2. Person Sing. und Pl. - orange
3. Person Sing. und Pl. - grün

deutsche Wörter - gelb
leere Felder - rot

10.1 Vergleiche dein Bild mit der Lösung auf Seite 67 und korrigiere, wo es nötig ist.

10.2 Trage die Verbformen aus dem Bild in die entsprechenden Felder der Tabelle ein. Schreibe jedes Verb in eine eigene Spalte.

Infinitiv				
Deutsch				
Singular 1. Pers.				
Singular 2. Pers.				
Singular 3. Pers.				
Plural 1. Pers.				
Plural 2. Pers.				
Plural 3. Pers.				

Infinitiv				
Deutsch				
Singular 1. Pers.				
Singular 2. Pers.				
Singular 3. Pers.				
Plural 1. Pers.				
Plural 2. Pers.				
Plural 3. Pers.				

10.3 Hier findest du die Infinitive zu den obigen Verbformen. Trage sie ebenfalls in die Tabelle ein. Weißt du die deutsche Übersetzung? Super, dann füge sie auch gleich hinzu!

timēre, ridēre, imminēre, egēre, debēre, monēre, retinēre, tacēre

10.4 Gleich hast du es geschafft! Ergänze jetzt noch die leeren Felder, vergleiche alles mit den Lösungen auf S. 69 (Korrigiere, wo es nötig ist.) und fertig ist diese Latein-Fitnessübung!!

Übung 11: konsonantische Konjugation Imperfekt (Indikativ Aktiv)

Male die Felder mit den Verbformen so an:

1. Person Sing. und Pl. - rosa   deutsche Wörter - gelb
2. Person Sing. und Pl. - lila   leere Felder - grau
3. Person Sing. und Pl. - blau

11.1 Vergleiche dein Bild mit der Lösung auf Seite 67 und korrigiere, wo es nötig ist.

11.2 Trage die Verbformen aus dem Bild in die entsprechenden Felder der Tabelle ein. Schreibe jedes Verb in eine eigene Spalte.

Infinitiv				
Deutsch				
Singular 1. Pers.				
Singular 2. Pers.				
Singular 3. Pers.				
Plural 1. Pers.				
Plural 2. Pers.				
Plural 3. Pers.				

Infinitiv				
Deutsch				
Singular 1. Pers.				
Singular 2. Pers.				
Singular 3. Pers.				
Plural 1. Pers.				
Plural 2. Pers.				
Plural 3. Pers.				

11.3 Hier findest du die Infinitive zu den obigen Verbformen. Trage sie ebenfalls in die Tabelle ein. Weißt du die deutsche Übersetzung? Super, dann füge sie auch gleich hinzu!

vivere, facere (facio), porrigere, pellere, cupere (cupio), impendere, ascendere, discedere

11.4 Super! Ergänze jetzt noch die leeren Felder, vergleiche alles mit den Lösungen auf S. 69 (Korrigiere, wo es nötig ist.) und schon hast du eine weitere Latein-Trainingsrunde gemeistert!!

Übung 12: i-Konjugation Imperfekt (Indikativ Aktiv)

Male die Felder mit den Verbformen so an:

1. Person Sing. und Pl. - dunkelblau   deutsche Wörter - rosa
2. Person Sing. und Pl. - lila   leere Felder - grau
3. Person Sing. und Pl. - hellblau

12.1 Vergleiche dein Bild mit der Lösung auf Seite 67 und korrigiere, wo es nötig ist.

12.2 Trage die Verbformen aus dem Bild in die entsprechenden Felder der Tabelle ein. Schreibe jedes Verb in eine eigene Spalte.

Infinitiv				
Deutsch				
Singular 1. Pers.				
Singular 2. Pers.				
Singular 3. Pers.				
Plural 1. Pers.				
Plural 2. Pers.				
Plural 3. Pers.				

Infinitiv				
Deutsch				
Singular 1. Pers.				
Singular 2. Pers.				
Singular 3. Pers.				
Plural 1. Pers.				
Plural 2. Pers.				
Plural 3. Pers.				

12.3 Hier findest du die Infinitive zu den obigen Verbformen. Trage sie ebenfalls in die Tabelle ein. Weißt du die deutsche Übersetzung? Super, dann füge sie auch gleich hinzu!

venire, punire, dormire, sentire, scire, custodire, invenire, audire

12.4 Fast fertig! Ergänze jetzt noch die leeren Felder, vergleiche alles mit den Lösungen auf S. 69 (Korrigiere, wo es nötig ist.) und du hast ein weiteres Latein-Gehirnfitnesstraining geschafft!!

Übung 13: Hilfsverb esse und Ableitungen davon, Imperfekt (Indikativ Aktiv)

Male die Felder mit den Verbformen so an:

1. Person Sing. und Pl. - braun   deutsche Wörter - orange
2. Person Sing. und Pl. - beige   leere Felder - grau
3. Person Sing. und Pl. - gelb

13.1 Vergleiche dein Bild mit der Lösung auf Seite 67 und korrigiere, wo es nötig ist.

13.2 Trage die Verbformen aus dem Bild in die entsprechenden Felder der Tabelle ein. Schreibe jedes Verb in eine eigene Spalte.

	Infinitiv				
	Deutsch				
Singular	1. Pers.				
	2. Pers.				
	3. Pers.				
Plural	1. Pers.				
	2. Pers.				
	3. Pers.				

13.3 Hier findest du die Infinitive zu den obigen Verbformen. Trage sie ebenfalls in die Tabelle ein. Weißt du die deutsche Übersetzung? Super, dann füge sie auch gleich hinzu!

esse, adesse, abesse, deesse

13.4 Fast fertig! Ergänze jetzt noch die leeren Felder, vergleiche alles mit den Lösungen auf S. 69 (Korrigiere, wo es nötig ist.) und du hast erneut einen kleinen Latein-Trainingslauf absolviert!!

Übung 14: alle Konjugationen Imperfekt (Indikativ Aktiv)

Male die Felder mit den Verbformen so an:

1. Person Sing. und Pl. - hellgrün
2. Person Sing. und Pl. - gelb
3. Person Sing. und Pl. - dunkelgrün

deutsche Wörter - hellblau
sonstige Felder - dunkelblau

14.1 Vergleiche dein Bild mit der Lösung auf Seite 67 und korrigiere, wo es nötig ist.

14.2 Hier findest du die Infinitive zu den Verbformen. Trage sie in die Tabelle ein und notiere die Konjugation. Weißt du die deutsche Übersetzung? Super, dann füge sie auch gleich hinzu!

spectare, adiuvare, stupēre, parēre, facere (facio), dimittere, dormire, invenire

Konjugation				
Infinitiv				
Deutsch				
Singular	1. Pers.				
	2. Pers.				
	3. Pers.				
Plural	1. Pers.				
	2. Pers.				
	3. Pers.				

Konjugation				
Infinitiv				
Deutsch				
Singular	1. Pers.				
	2. Pers.				
	3. Pers.				
Plural	1. Pers.				
	2. Pers.				
	3. Pers.				

14.3 Trage nun die Verbformen aus dem Bild in die passenden Felder der Tabelle ein.

14.4 Fast geschafft! Ergänze jetzt noch die leeren Felder, vergleiche alles mit den Lösungen auf S. 69 (Korrigiere, wo es nötig ist.) und wieder hast du eine Latein-Trainingseinheit gemeistert!!

Übung 15: alle Konjugationen Imperfekt (Indikativ Aktiv)

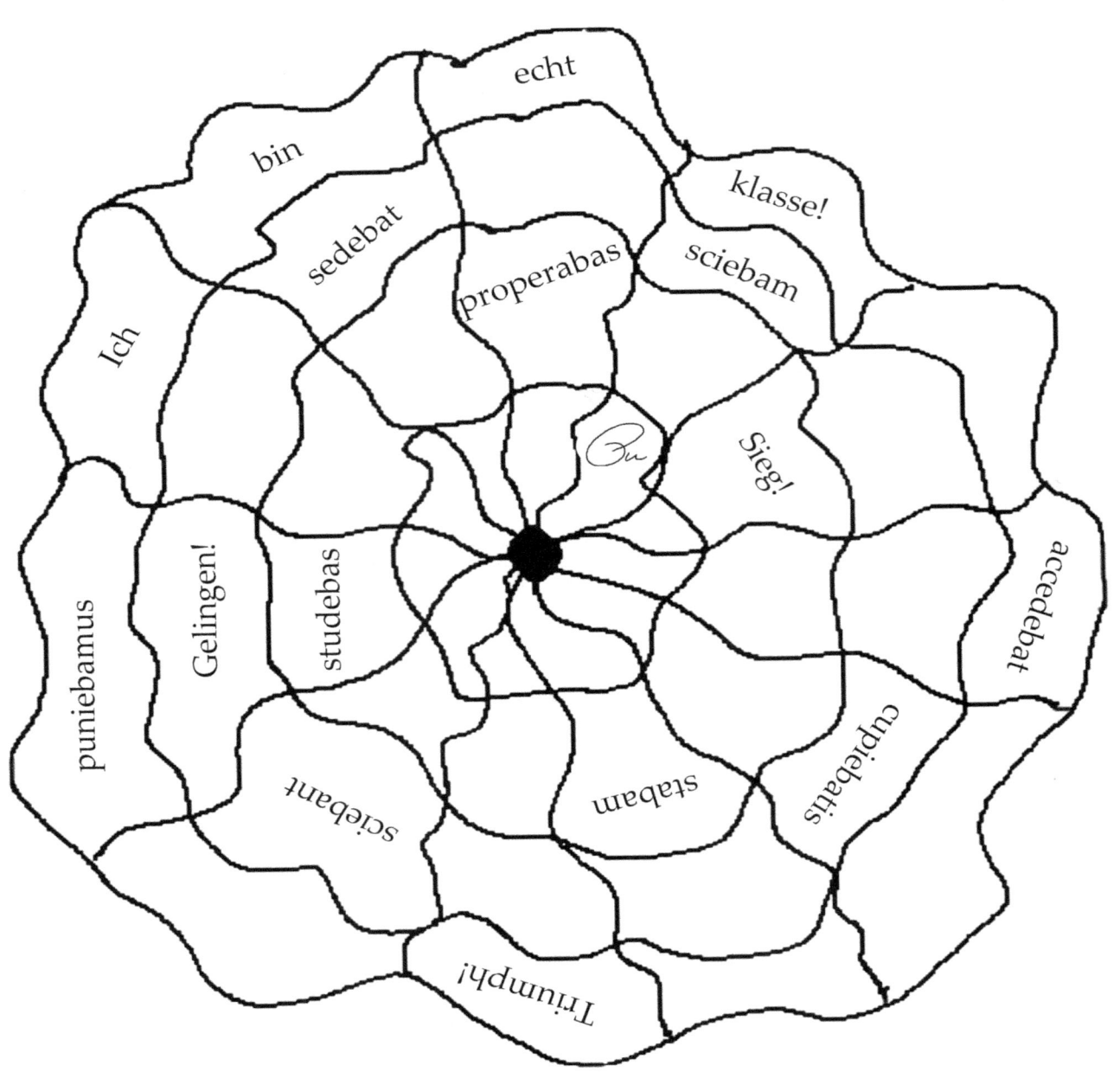

Male die Felder mit den Verbformen so an:

1. Person Sing. und Pl. - hellrot
2. Person Sing. und Pl. - dunkelrot
3. Person Sing. und Pl. - dunkelblau

deutsche Wörter - rosa
sonstige Felder - hellblau

15.1 Vergleiche dein Bild mit der Lösung auf Seite 67 und korrigiere, wo es nötig ist.

15.2 Hier findest du die Infinitive zu den Verbformen. Trage sie in die Tabelle ein und notiere die Konjugation. Weißt du die deutsche Übersetzung? Super, dann füge sie auch gleich hinzu!

studēre, sedēre, cupere (cupio), accedere, punire, scire, properare, stare

Konjugation				
Infinitiv				
Deutsch				
Singular	1. Pers.				
	2. Pers.				
	3. Pers.				
Plural	1. Pers.				
	2. Pers.				
	3. Pers.				

Konjugation				
Infinitiv				
Deutsch				
Singular	1. Pers.				
	2. Pers.				
	3. Pers.				
Plural	1. Pers.				
	2. Pers.				
	3. Pers.				

15.3 Trage nun die Verbformen aus dem Bild in die passenden Felder der Tabelle ein.

15.4 Fast fertig! Ergänze jetzt noch die leeren Felder, vergleiche alles mit den Lösungen auf S. 70 (Korrigiere, wo es nötig ist.) und du hast eine weitere Latein-Fitnessübung geschafft!!

Übung 16: alle Konjugationen Imperfekt (Indikativ Aktiv)

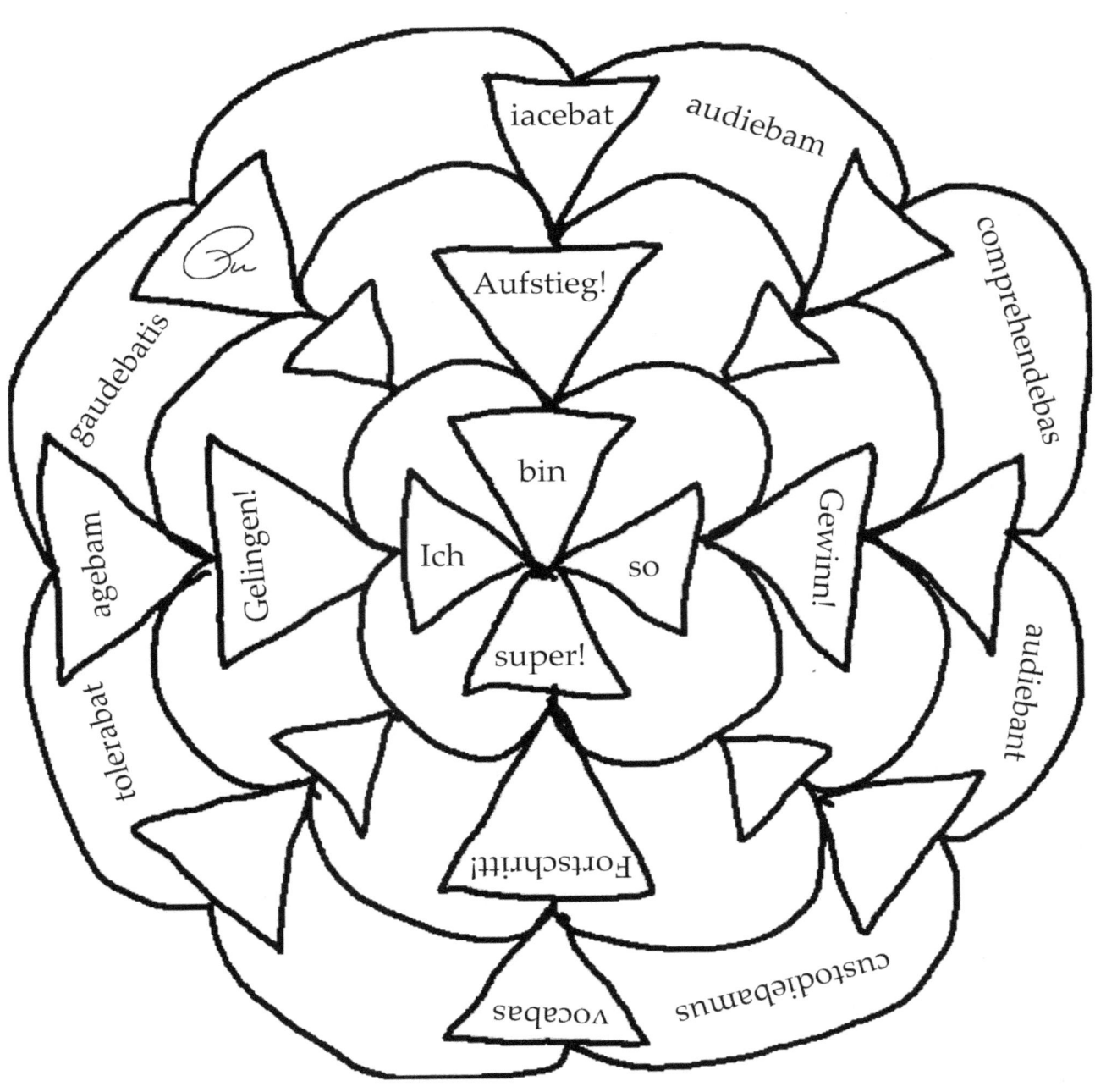

Male die Felder mit den Verbformen so an:

1. Person Sing. und Pl. - lila
2. Person Sing. und Pl. - blau
3. Person Sing. und Pl. - grün

deutsche Wörter - rot
übrige dreieckige Felder - orange
restliche Felder - gelb

16.1 Vergleiche dein Bild mit der Lösung auf Seite 67 und korrigiere, wo es nötig ist.

16.2 Hier findest du die Infinitive zu den Verbformen. Trage sie in die Tabelle ein und notiere die Konjugation. Weißt du die deutsche Übersetzung? Super, dann füge sie auch gleich hinzu!

agere, comprehendere, custodire, audire, tolerare, vocare, gaudēre, iacēre

	Konjugation				
	Infinitiv				
	Deutsch				
Singular	1. Pers.				
	2. Pers.				
	3. Pers.				
Plural	1. Pers.				
	2. Pers.				
	3. Pers.				

	Konjugation				
	Infinitiv				
	Deutsch				
Singular	1. Pers.				
	2. Pers.				
	3. Pers.				
Plural	1. Pers.				
	2. Pers.				
	3. Pers.				

16.3 Trage nun die Verbformen aus dem Bild in die passenden Felder der Tabelle ein.

16.4 Beinahe geschafft! Ergänze jetzt noch die leeren Felder, vergleiche alles mit den Lösungen auf S. 70 (Korrigiere, wo es nötig ist.) und diese Latein-Gehirnjoggingeinheit ist fertig!!

Übung 17: a-Konjugation Futur (Indikativ Aktiv)

Hearts contain: mandabimus, expugnabunt, educabo, imperabitis, existimabo, volabis, putabunt, putabis, habitabit, Lust!, Freude!, Liebe!

Male die Felder mit den Verbformen so an:

1. Person Sing. und Pl. - helllila   deutsche Wörter - hellrot
2. Person Sing. und Pl. - dunkellila   leere Felder - rosa
3. Person Sing. und Pl. - dunkelrot

17.1 Vergleiche dein Bild mit der Lösung auf Seite 67 und korrigiere, wo es nötig ist.

17.2 Trage die Verbformen aus dem Bild in die entsprechenden Felder der Tabelle ein. Schreibe jedes Verb in eine eigene Spalte.

Infinitiv				
Deutsch				
Singular 1. Pers.				
Singular 2. Pers.				
Singular 3. Pers.				
Plural 1. Pers.				
Plural 2. Pers.				
Plural 3. Pers.				

Infinitiv				
Deutsch				
Singular 1. Pers.				
Singular 2. Pers.				
Singular 3. Pers.				
Plural 1. Pers.				
Plural 2. Pers.				
Plural 3. Pers.				

17.3 Hier findest du die Infinitive zu den obigen Verbformen. Trage sie ebenfalls in die Tabelle ein. Weißt du die deutsche Übersetzung? Super, dann füge sie auch gleich hinzu!

educare, expugnare, habitare, imperare, mandare, volare, existimare, putare

17.4 Fast fertig! Ergänze jetzt noch die leeren Felder, vergleiche alles mit den Lösungen auf S. 70 (Korrigiere, wo es nötig ist.) und du hast einen weiteren Latein-Trainingslauf geschafft!!

Übung 18: e-Konjugation Futur (Indikativ Aktiv)

Leaves on the figure contain:
- augebimus
- placebunt
- Sieg!
- delebis
- Erfolg!
- apparebitis
- iubebo
- manebit
- placebo
- Können!
- deridebis
- habebunt

Male die Felder mit den Verbformen so an:

1. Person Sing. und Pl. - rot   deutsche Wörter - blau
2. Person Sing. und Pl. - orange   leere Felder - gelb
3. Person Sing. und Pl. - lila

18.1 Vergleiche dein Bild mit der Lösung auf Seite 67 und korrigiere, wo es nötig ist.

18.2 Trage die Verbformen aus dem Bild in die entsprechenden Felder der Tabelle ein. Schreibe jedes Verb in eine eigene Spalte.

Infinitiv				
Deutsch				
Singular 1. Pers.				
Singular 2. Pers.				
Singular 3. Pers.				
Plural 1. Pers.				
Plural 2. Pers.				
Plural 3. Pers.				

Infinitiv				
Deutsch				
Singular 1. Pers.				
Singular 2. Pers.				
Singular 3. Pers.				
Plural 1. Pers.				
Plural 2. Pers.				
Plural 3. Pers.				

18.3 Hier findest du die Infinitive zu den obigen Verbformen. Trage sie ebenfalls in die Tabelle ein. Weißt du die deutsche Übersetzung? Super, dann füge sie auch gleich hinzu!

apparēre, augēre, placēre, deridēre, iubēre, manēre, delēre, habēre

18.4 Und zum guten Schluss ergänze jetzt noch die leeren Felder, vergleiche alles mit den Lösungen auf S. 70 (Korrigiere, wo es nötig ist.) und wieder ist eine Latein-Gehirnjoggingrunde geschafft!!

Übung 19: konsonantische Konjugation Futur (Indikativ Aktiv)

Wörter in den Wolken: tangent, concurram, surgemus, Leichtigkeit!, rapietis, consistes, Freiheit!, dividet, Fliegen!, rapiet, condam, canetis

Male die Felder mit den Verbformen so an:

1. Person Sing. und Pl. - hellblau   deutsche Wörter - gelb
2. Person Sing. und Pl. - hellgrau   leere Felder - rosa
3. Person Sing. und Pl. - dunkelblau

19.1 Vergleiche dein Bild mit der Lösung auf Seite 67 und korrigiere, wo es nötig ist.

19.2 Trage die Verbformen aus dem Bild in die entsprechenden Felder der Tabelle ein. Schreibe jedes Verb in eine eigene Spalte.

	Infinitiv				
	Deutsch				
Singular	1. Pers.				
	2. Pers.				
	3. Pers.				
Plural	1. Pers.				
	2. Pers.				
	3. Pers.				

	Infinitiv				
	Deutsch				
Singular	1. Pers.				
	2. Pers.				
	3. Pers.				
Plural	1. Pers.				
	2. Pers.				
	3. Pers.				

19.3 Hier findest du die Infinitive zu den obigen Verbformen. Trage sie ebenfalls in die Tabelle ein. Weißt du die deutsche Übersetzung? Super, dann füge sie auch gleich hinzu!

condere, dividere, rapere (rapio), surgere, concurrere, consistere, canere, tangere

19.4 Fast fertig! Ergänze jetzt noch die leeren Felder, vergleiche alles mit den Lösungen auf S. 70 (Korrigiere, wo es nötig ist.) und du hast wieder eine Latein-Fitnessübung geschafft!!

43

Übung 20: i-Konjugation Futur (Indikativ Aktiv)

Flowers containing: Fröhlichkeit!, dormiam, inveniemus, pervenietis, audient, puniet, sentiet, Freude!, Lachen!, custodian, aperies, senties

Male die Felder mit den Verbformen so an:

1. Person Sing. und Pl. - hellgrün   deutsche Wörter - gelb
2. Person Sing. und Pl. - dunkelgrün   leere Felder - orange
3. Person Sing. und Pl. - blau

20.1 Vergleiche dein Bild mit der Lösung auf Seite 67 und korrigiere, wo es nötig ist.

20.2 Trage die Verbformen aus dem Bild in die entsprechenden Felder der Tabelle ein. Schreibe jedes Verb in eine eigene Spalte.

Infinitiv				
Deutsch				
Singular 1. Pers.				
Singular 2. Pers.				
Singular 3. Pers.				
Plural 1. Pers.				
Plural 2. Pers.				
Plural 3. Pers.				

Infinitiv				
Deutsch				
Singular 1. Pers.				
Singular 2. Pers.				
Singular 3. Pers.				
Plural 1. Pers.				
Plural 2. Pers.				
Plural 3. Pers.				

20.3 Hier findest du die Infinitive zu den obigen Verbformen. Trage sie ebenfalls in die Tabelle ein. Weißt du die deutsche Übersetzung? Super, dann füge sie auch gleich hinzu!

aperire, pervenire, sentire, custodire, dormire, invenire, punire, audire

20.4 Fast geschafft! Ergänze jetzt noch die leeren Felder, vergleiche alles mit den Lösungen auf S. 70 (Korrigiere, wo es nötig ist.) und eine weitere Latein-Gehirntrainingseinheit ist absolviert!!

Übung 21: Hilfsverb esse und Ableitungen davon, Futur (Indikativ Aktiv)

Leaves contain:
- deerimus
- Glück!
- Durchbruch!
- aderis
- erunt
- Freude!
- aderitis
- Segen!
- ero
- Jubel!
- aberit

Male die Felder mit den Verbformen so an:

1. Person Sing. und Pl. - grün   deutsche Wörter - rosa
2. Person Sing. und Pl. - gelb   leere Felder - lila
3. Person Sing. und Pl. - blau

21.1 Vergleiche dein Bild mit der Lösung auf Seite 67 und korrigiere, wo es nötig ist.

21.2 Trage die Verbformen aus dem Bild in die entsprechenden Felder der Tabelle ein. Schreibe jedes Verb in eine eigene Spalte.

Infinitiv					
Deutsch					
Singular	1. Pers.				
	2. Pers.				
	3. Pers.				
Plural	1. Pers.				
	2. Pers.				
	3. Pers.				

21.3 Hier findest du die Infinitive zu den obigen Verbformen. Trage sie ebenfalls in die Tabelle ein. Weißt du die deutsche Übersetzung? Super, dann füge sie auch gleich hinzu!

esse, adesse, abesse, deesse

21.4 Zum guten Schluss! Ergänze noch die leeren Felder, vergleiche alles mit den Lösungen auf S. 70 (Korrigiere, wo es nötig ist.) und dein Gehirn hat eine weitere Latein-Trainingseinheit hinter sich!!

Übung 22: alle Konjugationen Futur (Indikativ Aktiv)

Hearts contain:
- immolabit
- Sieg
- aperietis
- Erfolg!
- aperiam
- timebitis
- venies
- studebunt
- superabo
- Gewinn!
- intelleget
- capiemus

Male die Felder mit den Verbformen so an:

1. Person Sing. und Pl. - gelb   deutsche Wörter - rosa
2. Person Sing. und Pl. - braun   sonstige Felder - rot
3. Person Sing. und Pl. - beige

22.1 Vergleiche dein Bild mit der Lösung auf Seite 67 und korrigiere, wo es nötig ist.

22.2 Hier findest du die Infinitive zu den Verbformen. Trage sie in die Tabelle ein und notiere die Konjugation. Weißt du die deutsche Übersetzung? Super, dann füge sie auch gleich hinzu!

superare, immolare, studēre, timēre, intellegere, capere (capio), venire, aperire

	Konjugation				
	Infinitiv				
	Deutsch				
Singular	1. Pers.				
	2. Pers.				
	3. Pers.				
Plural	1. Pers.				
	2. Pers.				
	3. Pers.				

	Konjugation				
	Infinitiv				
	Deutsch				
Singular	1. Pers.				
	2. Pers.				
	3. Pers.				
Plural	1. Pers.				
	2. Pers.				
	3. Pers.				

22.3 Trage nun die Verbformen aus dem Bild in die passenden Felder der Tabelle ein.

22.4 Fast fertig! Ergänze jetzt noch die leeren Felder, vergleiche alles mit den Lösungen auf S. 70/71 (Korrigiere, wo es nötig ist.) und du hast eine große Latein-Trainingsrunde gedreht!!

Übung 23: alle Konjugationen Futur (Indikativ Aktiv)

- temperabo
- scies
- Ich
- Lachen!
- procedet
- procedetis
- bin
- wirklich
- abducam
- Spaß
- super!
- possidebunt
- pertinebit
- nuntiabitis
- perveniemus
- Heiterkeit!

Male die Felder mit den Verbformen so an:

1. Person Sing. und Pl. - blau
2. Person Sing. und Pl. - rot
3. Person Sing. und Pl. - braun

deutsche Wörter - gelb
sonstige Felder - hellgrün

23.1 Vergleiche dein Bild mit der Lösung auf Seite 67 und korrigiere, wo es nötig ist.

23.2 Hier findest du die Infinitive zu den Verbformen. Trage sie in die Tabelle ein und notiere die Konjugation. Weißt du die deutsche Übersetzung? Super, dann füge sie auch gleich hinzu!

pertinēre, possidēre, abducere, procedere, scire, pervenire, temperare, nuntiare

Konjugation				
Infinitiv				
Deutsch				
Singular	1. Pers.				
	2. Pers.				
	3. Pers.				
Plural	1. Pers.				
	2. Pers.				
	3. Pers.				

Konjugation				
Infinitiv				
Deutsch				
Singular	1. Pers.				
	2. Pers.				
	3. Pers.				
Plural	1. Pers.				
	2. Pers.				
	3. Pers.				

23.3 Trage nun die Verbformen aus dem Bild in die passenden Felder der Tabelle ein.

23.4 Schon bald geschafft! Ergänze jetzt noch die leeren Felder, vergleiche alles mit den Lösungen auf S. 71 (Korrigiere, wo es nötig ist.) und du hast eine neue Latein-Gehirnfitnesseinheit absolviert!!

Übung 24: alle Konjugationen Futur (Indikativ Aktiv)

Wortwolken:
- Können!
- regnabunt
- ridebimus
- Ich
- movebis
- bin
- colliges
- so
- reperiam
- colligent
- klasse!
- punietis
- Talent!
- Genialität!
- temptabo
- incedet

Male die Felder mit den Verbformen so an:

1. Person Sing. und Pl. - hellgrau   deutsche Wörter - beige
2. Person Sing. und Pl. - lila   sonstige Felder - hellblau
3. Person Sing. und Pl. - dunkelblau

24.1 Vergleiche dein Bild mit der Lösung auf Seite 67 und korrigiere, wo es nötig ist.

24.2 Hier findest du die Infinitive zu den Verbformen. Trage sie in die Tabelle ein und notiere die Konjugation. Weißt du die deutsche Übersetzung? Super, dann füge sie auch gleich hinzu!

colligere, incedere, reperire, punire, regnare, temptare, movēre, ridēre

Konjugation				
Infinitiv				
Deutsch				
Singular	1. Pers.				
	2. Pers.				
	3. Pers.				
Plural	1. Pers.				
	2. Pers.				
	3. Pers.				

Konjugation				
Infinitiv				
Deutsch				
Singular	1. Pers.				
	2. Pers.				
	3. Pers.				
Plural	1. Pers.				
	2. Pers.				
	3. Pers.				

24.3 Trage nun die Verbformen aus dem Bild in die passenden Felder der Tabelle ein.

24.4 Beinahe fertig! Ergänze jetzt noch die leeren Felder, vergleiche alles mit den Lösungen auf S. 71 (Korrigiere, wo es nötig ist.) und du hast wieder eine Latein-Gehirnjoggingrunde geschafft!!

Übung 25: alle Konjugationen – Präsens, Imperfekt, Futur (Indikativ Aktiv)

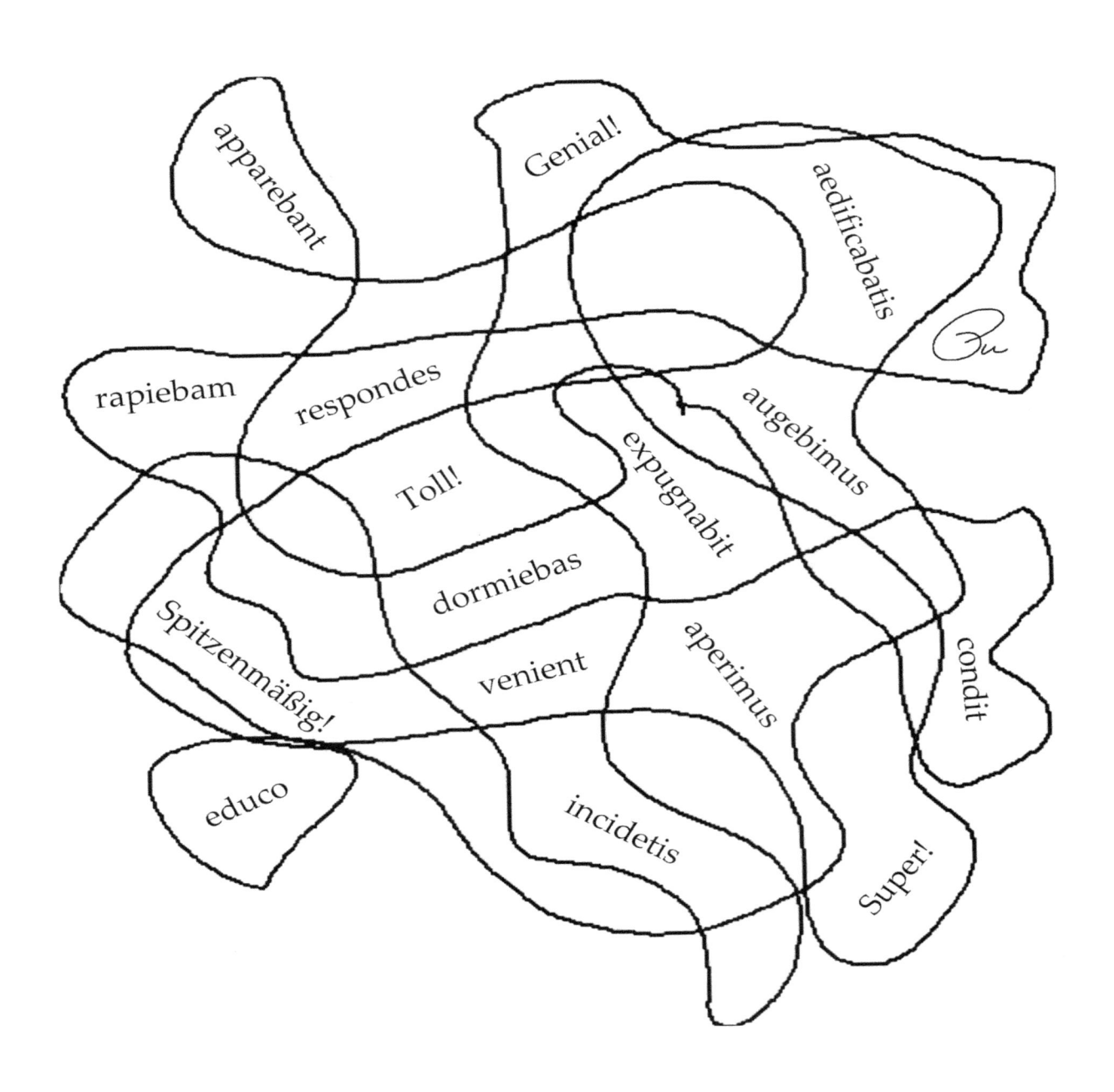

Felder mit Verbformen:
- apparebant
- Genial!
- aedificabatis
- rapiebam
- respondes
- augebimus
- Toll!
- expugnabit
- dormiebas
- condit
- Spitzenmäßig!
- venient
- aperimus
- educo
- incidetis
- Super!

Male die Felder mit den Verbformen so an:

1. Person Sing. und Pl. - rot   deutsche Wörter - gelb
2. Person Sing. und Pl. - blau sonstige Felder - orange
3. Person Sing. und Pl. - grün

25.1 Vergleiche dein Bild mit der Lösung auf Seite 67 und korrigiere, wo es nötig ist.

25.2 Hier findest du die Infinitive zu den Verbformen. Trage sie in die Tabelle ein und notiere die Konjugation. Weißt du die deutsche Übersetzung? Super, dann füge sie auch gleich hinzu!

educare, aedificare, expugnare, respondēre, apparēre, augēre, condere, rapere (rapio), incidere, aperire, dormire, venire

	Konjugation				
	Infinitiv				
	Deutsch				
Präsens	Singular	1. Pers.				
		2. Pers.				
		3. Pers.				
	Plural	1. Pers.				
		2. Pers.				
		3. Pers.				
Imperfekt	Singular	1. Pers.				
		2. Pers.				
		3. Pers.				
	Plural	1. Pers.				
		2. Pers.				
		3. Pers.				
Futur	Singular	1. Pers.				
		2. Pers.				
		3. Pers.				
	Plural	1. Pers.				
		2. Pers.				
		3. Pers.				

Mehr Platz ist auf der nächsten Seite!

Hier geht's weiter!

Konjugation				
Infinitiv				
Deutsch				
Präsens	Singular	1. Pers.				
		2. Pers.				
		3. Pers.				
	Plural	1. Pers.				
		2. Pers.				
		3. Pers.				
Imperfekt	Singular	1. Pers.				
		2. Pers.				
		3. Pers.				
	Plural	1. Pers.				
		2. Pers.				
		3. Pers.				
Futur	Singular	1. Pers.				
		2. Pers.				
		3. Pers.				
	Plural	1. Pers.				
		2. Pers.				
		3. Pers.				

		Konjugation				
		Infinitiv				
		Deutsch				
Präsens	Singular	1. Pers.				
		2. Pers.				
		3. Pers.				
	Plural	1. Pers.				
		2. Pers.				
		3. Pers.				
Imperfekt	Singular	1. Pers.				
		2. Pers.				
		3. Pers.				
	Plural	1. Pers.				
		2. Pers.				
		3. Pers.				
Futur	Singular	1. Pers.				
		2. Pers.				
		3. Pers.				
	Plural	1. Pers.				
		2. Pers.				
		3. Pers.				

25.3 Trage nun die Verbformen aus dem Bild in die passenden Felder der Tabelle ein.

25.4 Fast fertig! Ergänze jetzt noch die leeren Felder, vergleiche alles mit den Lösungen auf S. 71 (Korrigiere, wo es nötig ist.) und du hast einen Latein-Trainingsmarathon geschafft!! Gratulation!

Übung 26: alle Konjugationen – Präsens, Imperfekt, Futur (Indikativ Aktiv)

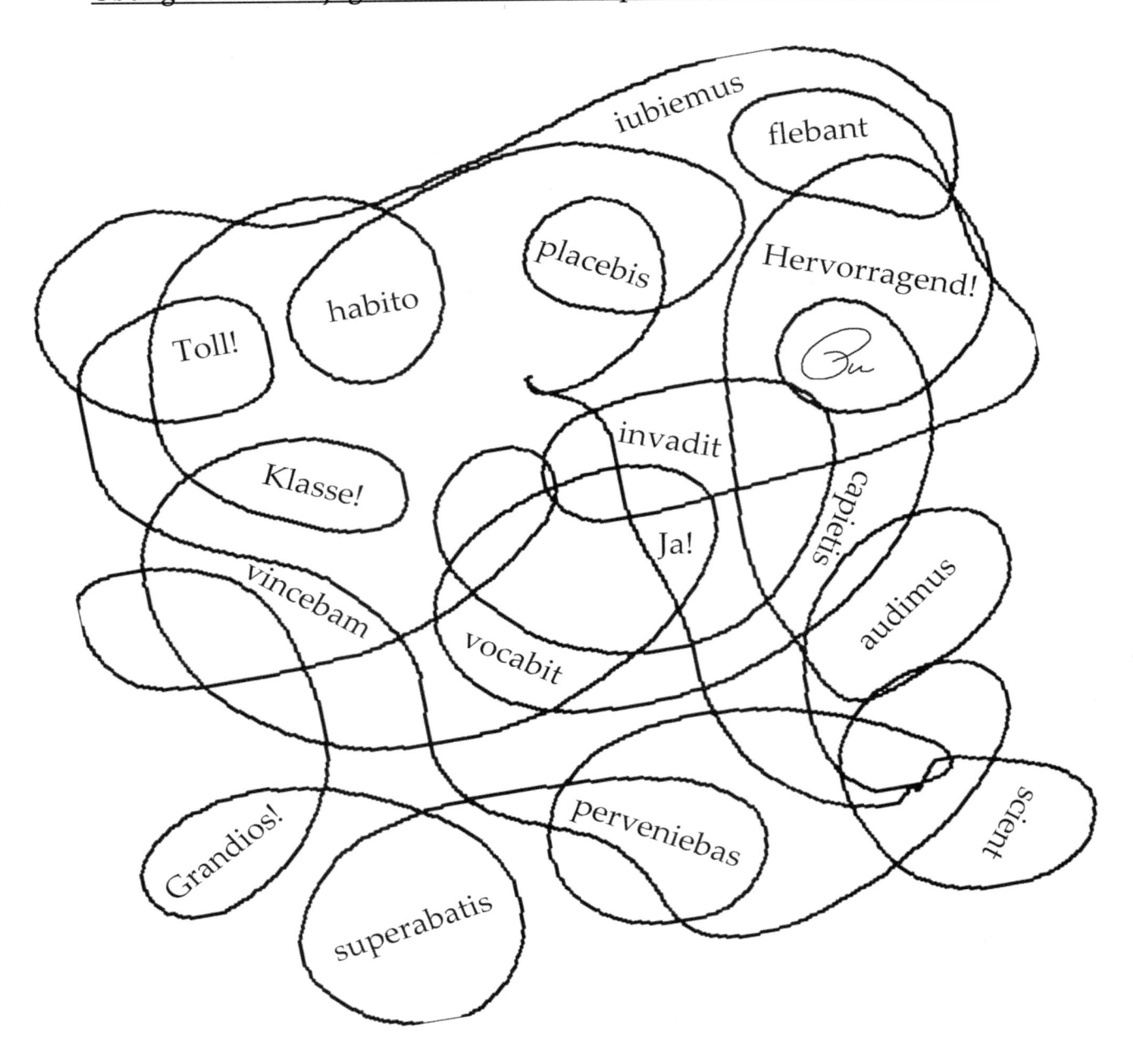

Felder (Verbformen und Wörter im Bild):
- iubiemus
- flebant
- placebis
- Hervorragend!
- habito
- Toll!
- Klasse!
- invadit
- Ja!
- capietis
- audimus
- vincebam
- vocabit
- scient
- Grandios!
- perveniebas
- superabatis

Male die Felder mit den Verbformen so an:

1. Person Sing. und Pl. – grau
2. Person Sing. und Pl. – braun
3. Person Sing. und Pl. – orange

deutsche Wörter – hellgrün
sonstige Felder – gelb

26.1 Vergleiche dein Bild mit der Lösung auf Seite 67 und korrigiere, wo es nötig ist.

26.2 Hier findest du die Infinitive zu den Verbformen. Trage sie in die Tabelle ein und notiere die Konjugation. Weißt du die deutsche Übersetzung? Super, dann füge sie auch gleich hinzu!

placēre, flēre, iubēre, invadere, vincere, capere (capio), audire, pervenire, scire, habitare, superare, vocare

	Konjugation				
	Infinitiv				
	Deutsch				
Präsens	Singular	1. Pers.				
		2. Pers.				
		3. Pers.				
	Plural	1. Pers.				
		2. Pers.				
		3. Pers.				
Imperfekt	Singular	1. Pers.				
		2. Pers.				
		3. Pers.				
	Plural	1. Pers.				
		2. Pers.				
		3. Pers.				
Futur	Singular	1. Pers.				
		2. Pers.				
		3. Pers.				
	Plural	1. Pers.				
		2. Pers.				
		3. Pers.				

Mehr Platz ist auf der nächsten Seite!!

Hier geht's weiter!

Konjugation				
Infinitiv				
Deutsch				

Präsens	Singular	1. Pers.				
		2. Pers.				
		3. Pers.				
	Plural	1. Pers.				
		2. Pers.				
		3. Pers.				
Imperfekt	Singular	1. Pers.				
		2. Pers.				
		3. Pers.				
	Plural	1. Pers.				
		2. Pers.				
		3. Pers.				
Futur	Singular	1. Pers.				
		2. Pers.				
		3. Pers.				
	Plural	1. Pers.				
		2. Pers.				
		3. Pers.				

	Konjugation				
	Infinitiv				
	Deutsch				
Präsens	Singular	1. Pers.				
		2. Pers.				
		3. Pers.				
	Plural	1. Pers.				
		2. Pers.				
		3. Pers.				
Imperfekt	Singular	1. Pers.				
		2. Pers.				
		3. Pers.				
	Plural	1. Pers.				
		2. Pers.				
		3. Pers.				
Futur	Singular	1. Pers.				
		2. Pers.				
		3. Pers.				
	Plural	1. Pers.				
		2. Pers.				
		3. Pers.				

26.3 Trage nun die Verbformen aus dem Bild in die passenden Felder der Tabelle ein.

26.4 Fast geschafft! Ergänze jetzt noch die leeren Felder, vergleiche alles mit den Lösungen auf S. 71 (Korrigiere, wo es nötig ist.) und du hast noch einen Latein-Trainingsmarathon absolviert!! Super!

Übung 27: alle Konjugationen – Präsens, Imperfekt, Futur (Indikativ Aktiv)

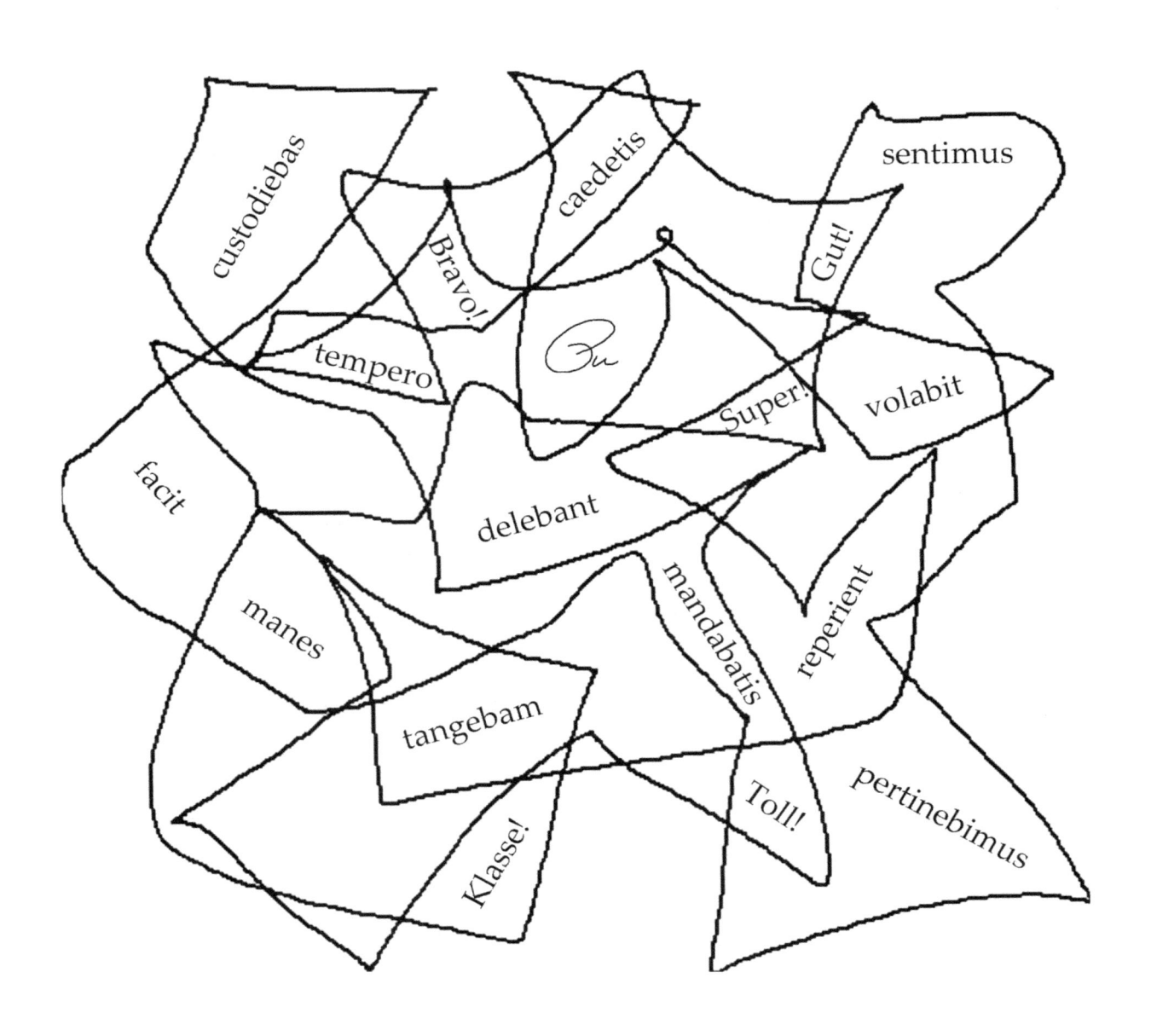

Felder mit Verbformen: custodiebas, caedetis, sentimus, Bravo!, tempero, Gut!, Super!, volabit, facit, delebant, manes, mandabatis, reperient, tangebam, Klasse!, Toll!, pertinebimus

Male die Felder mit den Verbformen so an:

1. Person Sing. und Pl. - grün   deutsche Wörter - gelb
2. Person Sing. und Pl. - braun   sonstige Felder - rosa
3. Person Sing. und Pl. - grau

27.1 Vergleiche dein Bild mit der Lösung auf Seite 67 und korrigiere, wo es nötig ist.

27.2 Hier findest du die Infinitive zu den Verbformen. Trage sie in die Tabelle ein und notiere die Konjugation. Weißt du die deutsche Übersetzung? Super, dann füge sie auch gleich hinzu!

facere (facio), tangere, caedere, sentire, custodire, reperire, temperare, mandare, volare, manēre, delēre, pertinēre

	Konjugation				
	Infinitiv				
	Deutsch				
Präsens	Singular	1. Pers.				
		2. Pers.				
		3. Pers.				
	Plural	1. Pers.				
		2. Pers.				
		3. Pers.				
Imperfekt	Singular	1. Pers.				
		2. Pers.				
		3. Pers.				
	Plural	1. Pers.				
		2. Pers.				
		3. Pers.				
Futur	Singular	1. Pers.				
		2. Pers.				
		3. Pers.				
	Plural	1. Pers.				
		2. Pers.				
		3. Pers.				

Mehr Platz ist auf der nächsten Seite!

Hier geht's weiter!

Konjugation				
Infinitiv				
Deutsch				
Präsens	Singular	1. Pers.				
		2. Pers.				
		3. Pers.				
	Plural	1. Pers.				
		2. Pers.				
		3. Pers.				
Imperfekt	Singular	1. Pers.				
		2. Pers.				
		3. Pers.				
	Plural	1. Pers.				
		2. Pers.				
		3. Pers.				
Futur	Singular	1. Pers.				
		2. Pers.				
		3. Pers.				
	Plural	1. Pers.				
		2. Pers.				
		3. Pers.				

		Konjugation				
		Infinitiv				
		Deutsch				
Präsens	Singular	1. Pers.				
		2. Pers.				
		3. Pers.				
	Plural	1. Pers.				
		2. Pers.				
		3. Pers.				
Imperfekt	Singular	1. Pers.				
		2. Pers.				
		3. Pers.				
	Plural	1. Pers.				
		2. Pers.				
		3. Pers.				
Futur	Singular	1. Pers.				
		2. Pers.				
		3. Pers.				
	Plural	1. Pers.				
		2. Pers.				
		3. Pers.				

27.3 Trage nun die Verbformen aus dem Bild in die passenden Felder der Tabelle ein.

27.4 Gleich ist es soweit! Ergänze jetzt noch die leeren Felder, vergleiche alles mit den Lösungen auf S. 72 (Korrigiere, wo es nötig ist.) und du hast auch den letzten Latein-Gehirnfitness-Marathon geschafft!! Herzlichen Glückwunsch!

Hinweise in eigener Sache

Trotz sorgfältigster Überprüfung aller Übungen und Lösungen kann es möglich sein, dass sich irgendwo doch ein Fehler eingeschlichen hat, was natürlich gerade bei so einem Buch nicht passieren sollte (Aber: Menschen und Maschinen sind eben nicht unfehlbar... Daher übrigens auch Vorsicht bei der beliebten Internetrecherche! Ich habe auf verschiedenen Seiten fehlerhafte Formen gefunden...)

Wenn du also etwas findest, das falsch ist, wäre ich dir sehr dankbar, wenn du es mir mitteilst, damit ich den Fehler bei der nächsten Ausgabe berichtigen kann.

Du kannst mir schreiben unter: **wrw@vroya.de**

Natürlich freue ich mich auch über positve Rückmeldungen!!! :o)

Nach so viel Latein Lust auf ein paar schöne Lagerfeuer-Geschichten, in denen du Interessantes über die Natur, Survival, Pflanzen, Wetter, Feuermachen und vieles mehr erfahren kannst? Auf *Amazon.de* kannst du auch einen Blick in die Bücher werfen....

Veronika Puzio
Knisternde Buchenzweige
104 Seiten, broschiert, 9,90 EUR
ISBN 978-3-8423-5653-5
Books on Demand, Norderstedt

Veronika Puzio
Glühende Fichtenscheite
128 Seiten, broschiert, 11,90 EUR
ISBN 978-3-8482-4115-6
Books on Demand, Norderstedt

Lösungsbilder

Lösungen

1. a-Konjugation Präsens
trepidare: zittern, s. ängstigen; trepido – trepidas – trepidat – trepidamus – trepidatis – trepidant – trepida! – trepidate!; **disputare:** diskutieren, erörtern; disputo – disputas – disputat – disputamus – disputatis – disputant – disputa! – disputate!; **spectare:** schauen, betrachten; specto – spectas – spectat – spectamus – spectatis – spectant – specta! – spectate!; **probare:** prüfen, billigen; probo – probas – probat – probamus – probatis – probant – proba! – probate!; **portare:** tragen, bringen; porto – portas – portat – portamus – portatis – portant – porta! – portate!; **violare:** kränken, verletzen; violo – violas – violat – violamus – violatis – violant – viola! – violate!; **dubitare:** zögern, zweifeln; dubito – dubitas – dubitat – dubitamus – dubitatis – dubitant – dubita! – dubitate!; **fugare:** vertreiben, in die Flucht schlagen; fugo – fugas – fugat – fugamus – fugatis – fugant – fuga! – fugate!

2. e-Konjugation Präsens
sedēre: sitzen, verweilen; sedeo – sedes – sedet – sedemus – sedetis – sedent – sede! – sedete!; **timēre:** (be)fürchten, s. fürchten; timeo – times – timet – timemus – timetis – timent – time! – timete!; **movēre:** bewegen, beeinflussen, veranlassen; moveo – moves – movet – movemus – movetis – movent – move! – movete!; **habēre:** haben, halten, besitzen; habeo – habes – habet – habemus – habetis – habent – habe! – habete!; **carēre:** nicht haben, fehlen, entbehren; careo – cares – caret – caremus – caretis – carent – care! – carete!; **studēre:** sich bemühen, danach streben, studieren; studeo – studes – studet – studemus – studetis – student – stude! – studete!; **gaudēre:** sich freuen; gaudeo – gaudes – gaudet – gaudemus – gaudetis – gaudent – gaude! – gaudete!; **parēre:** gehorchen, sich richten nach, hervorbringen; pareo – pares – paret – paremus – paretis – parent – pare! – parete!

3. konsonantische Konjugation Präsens
ludere: spielen; ludo – ludis – ludit – ludimus – luditis – ludunt – lude! – ludite!; **facere:** machen, tun, handeln; facio – facis – facit – facimus – facitis – faciunt – face! – facite!; **desistere:** aufhören (mit), ablassen (von); desisto – desistis – desistit – desistimus – desistitis – desistunt – desiste! – desistite!; **cupere:** begehren, wünschen, wollen; cupio – cupis – cupit – cupimus – cupitis – cupiunt – cupe! – cupite!; **pellere:** (ver)treiben, stoßen; pello – pellis – pellit – pellimus – pellitis – pellunt – pelle! – pellite!; **ostendere:** zeigen, darlegen; ostendo – ostendis – ostendit – ostendimus – ostenditis – ostendunt – ostende! – ostendite!; **emere:** kaufen, nehmen; emo – emis – emit – emimus – emitis – emunt – eme! – emite!; **vendere:** verkaufen, veräußern; vendo – vendis – vendit – vendimus – venditis – vendunt – vende! – vendite!

4. i-Konjugation Präsens
dormire: schlafen; dormio – dormis – dormit – dormimus – dormitis – dormiunt – dormi! – dormite!; **venire:** kommen; venio – venis – venit – venimus – venitis – veniunt – veni! – venite!; **punire:** bestrafen; punio – punis – punit – punimus – punitis – puniunt – puni! – punite!; **invenire:** finden, erfinden; invenio – invenis – invenit – invenimus – invenitis – inveniunt – inveni! – invenite!; **audire:** hören, erfahren; audio – audis – audit – audimus – auditis – audiunt – audi! – audite!; **sentire:** fühlen, spüren, wahrnehmen; sentio – sentis – sentit – sentimus – sentitis – sentiunt – senti! – sentite!; **scire:** wissen, kennen, verstehen; scio – scis – scit – scimus – scitis – sciunt – sci! – scite!; **custodire:** bewahren, behüten; custodio – custodis – custodit – custodimus – custoditis – custodiunt – custodi! – custodite!

5. esse, Ableitungen von esse Präsens
esse: sich befinden, sein; sum – es – est – sumus – estis – sunt – es! – este!; **deesse:** fehlen, mangeln, im Stich lassen, versäumen; desum – dees – deest – desumus – deestis – desunt – dees! – deeste!; **adesse:** anwesend sein, da sein, beistehen, helfen; adsum – ades – adest – adsumus – adestis – adsunt – ades! – adeste!; **abesse:** abwesend sein, nicht da sein; absum – abes – abest – absumus – abestis – absunt – abes! – abeste!

6. alle Konjugationen Präsens
(a) observare: beobachten, schätzen, achtgeben auf; observo – observas – observat – observamus – observatis – observant – observa! – observate!; **ignorare:** nicht wissen, nicht kennen; ignoro – ignoras – ignorat – ignoramus – ignoratis – ignorant – ignora! – ignorate!; **(e) pertinēre:** sich beziehen auf, gehören zu; pertineo – pertines – pertinet – pertinemus – pertinetis – pertinent – pertine! – pertinete!; **possidēre:** besitzen; possideo – possides – possidet – possidemus – possidetis – possident – posside! – possidete!; **(kons.) alere:** ernähren, großziehen, pflegen; alo – alis – alit – alimus – alitis – alunt – ale! – alite!; **trahere:** ziehen, zerren; traho – trahis – trahit – trahimus – trahitis – trahunt – trahe! – trahite!; **(i) sentire:** fühlen, spüren, wahrnehmen; sentio – sentis – sentit – sentimus – sentitis – sentiunt – senti! – sentite!; **venire:** kommen; venio – venis – venit – venimus – venitis – veniunt – veni! – venite!

7. alle Konjugationen Präsens
(e) iubēre: beauftragen, anordnen, auffordern; iubeo – iubes – iubet – iubemus – iubetis – iubent – iube! – iubete!; **iacēre:** liegen, daliegen; iaceo – iaces – iacet – iacemus – iacetis – iacent – iace! – iacete!; **(kons.) frangere:** brechen, zerbrechen, entkräften; frango – frangis – frangit – frangimus – frangitis – frangunt – frange! – frangite!; **colere:** pflegen, bebauen; colo – colis – colit – colimus – colitis – colunt – cole! – colite!; **(i) punire:** bestrafen; punio – punis – punit – punimus – punitis – puniunt – puni! – punite!; **reperire:** finden, wiederfinden, erfahren; reperio – reperis – reperit – reperimus – reperitis – reperiunt – reperi! – reperite!; **(a) cenare:** essen, speisen, verzehren; ceno – cenas – cenat – cenamus – cenatis – cenant – cena! – cenate!; **necare:** töten, umbringen; neco – necas – necat – necamus – necatis – necant – neca! – necate!

8. alle Konjugationen Präsens
(kons.) gerere: tragen, führen, ausführen; gero – geris – gerit – gerimus – geritis – gerunt – gere! – gerite!; **tegere:** schützen, decken, verheimlichen; tego – tegis – tegit – tegimus – tegitis – tegunt – tege! – tegite!; **(i) pervenire:** gelangen zu, hinkommen; pervenio – pervenis – pervenit – pervenimus – pervenitis – perveniunt – perveni! – pervenite!; **scire:** wissen, kennen, verstehen; scio – scis – scit – scimus – scitis – sciunt – sci! – scite!; **(a) affirmare:** bekräftigen, behaupten; affirmo – affirmas – affirmat – affirmamus – affirmatis – affirmant – affirma! – affirmate!; **flagrare:** brennen, lodern; flagro – flagras – flagrat – flagramus – flagratis – flagrant – flagra! – flagrate!; **(e) manēre:** bleiben, warten auf; maneo – manes – manet – manemus – manetis – manent – mane! – manete!; **delēre:** zerstören, vernichten; deleo – deles – delet – delemus – deletis – delent – dele! – delete!

9. a-Konjugation Imperfekt
pugnare: kämpfen; pugnabam – pugnabas – pugnabat – pugnabamus – pugnabatis – pugnabant; **observare:** beobachten, einhalten, achtgeben auf; observabam – observabas – observabat – observabamus – observabatis – observabant; **circumdare:** umgeben, umzingeln, einschließen; circumdabam – circumdabas – circumdabat – circumdabamus – circumdabatis – circumdabant; **explicare:** erklären, ausbreiten, ausführen; explicabam – explicabas – explicabat – explicabamus – explicabatis – explicabant; **laudare:** loben, gutheißen; laudabam – laudabas – laudabat – laudabamus – laudabatis – laudabant; **ambulare:** spazieren gehen, umherschlendern; ambulabam – ambulabas – ambulabat – ambulabamus – ambulabatis – ambulabant; **laborare:** arbeiten, leiden; laborabam – laborabas – laborabat – laborabamus – laborabatis – laborabant; **exspectare:** erwarten, abwarten; exspectabam – exspectabas – exspectabat – exspectabamus – exspectabatis – exspectabant

10. e-Konjugation Imperfekt
timēre: (be)fürchten, s. fürchten; timebam – timebas – timebat – timebamus – timebatis – timebant; **ridēre:** (aus)lachen, s. lustig machen; ridebam – ridebas – ridebat – ridebamus – ridebatis – ridebant; **imminēre:** drohen, bevorstehen, hereinragen; imminebam – imminebas – imminebat – imminebamus – imminebatis – imminebant; **egēre:** nicht haben, nötig haben; egebam – egebas – egebat – egebamus – egebatis – egebant; **debēre:** müssen, sollen, schulden; debebam – debebas – debebat – debebamus – debebatis – debebant; **monēre:** (er)mahnen, warnen; monebam – monebas – monebat – monebamus – monebatis – monebant; **retinēre:** zurückhalten, festhalten, behalten; retinebam – retinebas – retinebat – retinebamus – retinebatis – retinebant; **tacēre:** (ver)schweigen, still sein; tacebam – tacebas – tacebat – tacebamus – tacebatis – tacebant

11. konsonantische Konjugation Imperfekt
vivere: leben, lebendig sein; vivebam – vivebas – vivebat – vivebamus – vivebatis – vivebant; **facere:** machen, tun, handeln; faciebam – faciebas – faciebat – faciebamus – faciebatis – faciebant; **porrigere:** darreichen, ausstrecken, verbreiten; porrigebam – porrigebas – porrigebat – porrigebamus – porrigebatis – porrigebant; **pellere:** vertreiben, stoßen, beeindrucken; pellebam – pellebas – pellebat – pellebamus – pellebatis – pellebant; **cupere:** begehren, wünschen, wollen; cupiebam – cupiebas – cupiebat – cupiebamus – cupebatis – cupiebant; **impendere:** aufwenden, ausgeben; impendebam – impendebas – impendebat – impendebamus – impendebatis – impendebant; **ascendere:** hinaufsteigen, besteigen; ascendebam – ascendebas – ascendebat – ascendebamus – ascendebatis – ascendebant; **discedere:** weggehen, auseinander gehen; discedebam – discedebas – discedebat – discedebamus – discedebatis – discedebant

12. i-Konjugation Imperfekt
venire: kommen; veniebam – veniebas – veniebat – veniebamus – veniebatis – veniebant; **punire:** bestrafen; puniebam – puniebas – puniebat – puniebamus – puniebatis – puniebant; **dormire:** schlafen; dormiebam – dormiebas – dormiebat – dormiebamus – dormiebatis – dormiebant; **sentire:** fühlen, spüren; sentiebam – sentiebas – sentiebat – sentiebamus – sentiebatis – sentiebant; **scire:** wissen, kennen, verstehen; sciebam – sciebas – sciebat – sciebamus – sciebatis – sciebant; **custodire:** bewahren, behüten; custodiebam – custodiebas – custodiebat – custodiebamus – custodiebatis – custodiebant; **invenire:** finden, erfinden; inveniebam – inveniebas – inveniebat – inveniebamus – inveniebatis – inveniebant; **audire:** hören, erfahren; audiebam – audiebas – audiebat – audiebamus – audiebatis – audiebant

13. esse, Ableitungen von esse, Imperfekt
esse: sich befinden, sein; eram – eras – erat – eramus – eratis – erant; **adesse:** anwesend sein, da sein, beistehen, helfen; aderam – aderas – aderat – aderamus – aderatis – aderant; **abesse:** abwesend sein, nicht da sein; aberam – aberas – aberat – aberamus – aberatis – aberant; **deesse:** fehlen, mangeln, im Stich lassen, versäumen; deeram – deeras – deerat – deeramus – deeratis – deerant

14. alle Konjugationen Imperfekt
(a) spectare: schauen, betrachten; spectabam – spectabas – spectabat – spectabamus – spectabatis – spectabant; **adiuvare:** unterstützen, helfen; adiuvabam – adiuvabas – adiuvabat – adiuvabamus – adiuvabatis – adiuvabant; **(e) stupēre:** staunen, stutzen; stupebam – stupebas – stupebat – stupebamus – stupebatis – stupebant; **parēre:** gehorchen, sich richten nach; parebam – parebas – parebat – parebamus – parebatis – parebant; **(kons.) facere:** tun, machen, handeln; faciebam – faciebas – faciebat – faciebamus – faciebatis – faciebant; **dimittere:** wegschicken, entlassen; dimittebam – dimittebas – dimittebat – dimittebamus – dimittebatis – dimittebant; **(i) dormire:** schlafen; dormiebam – dormiebas – dormiebat – dormiebamus – dormiebatis – dormiebant; **invenire:** finden, erfinden; inveniebam – inveniebas – inveniebat – inveniebamus – inveniebatis – inveniebant

15. alle Konjugationen Imperfekt
(e) studēre: sich bemühen, danach streben; studebam – studebas – studebat – studebamus – studebatis – studebant; **sedēre:** sitzen; sedebam – sedebas – sedebat – sedebamus – sedebatis – sedebant; **(kons.) cupere:** wünschen, begehren; cupiebam – cupiebas – cupiebat – cupiebamus – cupiebatis – cupiebant; **accedere:** hinzutreten, herankommen, gelangen; accedebam – accedebas – accedebat – accedebamus – accedebatis – accedebant; **(i) punire:** bestrafen; puniebam – puniebas – puniebat – puniebamus – puniebatis – puniebant; **scire:** wissen, kennen, verstehen; sciebam – sciebas – sciebat – sciebamus – sciebatis – sciebant; **(a) properare:** eilen, sich beeilen; properabam – properabas – properabat – properabamus – properabatis – proberabant; **stare:** stehen; stabam – stabas – stabat – stabamus – stabatis – stabant

16. alle Konjugationen Imperfekt
(kons.) agere: handeln, ausführen; agebam – agebas – agebat – agebamus – agebatis – agebant; **comprehendere:** ergreifen, in die Hand nehmen, begreifen; comprehendebam – comprehendebas – comprehendebamus – comprehendebatis – comprehendebant; **(i) custodire:** bewahren, behüten; custodiebam – custodiebas – custodiebat – custodiebamus – custodiebatis – custodiebant; **audire:** hören, erfahren; audiebam – audiebas – audiebat – audiebamus – audiebatis – audiebant; **(a) tolerare:** aushalten, ertragen; tolerabam – tolerabas – tolerabat – tolerabamus – tolerabatis – tolerabant; **vocare:** rufen, nennen; vocabam – vocabas – vocabat – vocabamus – vocabatis – vocabant; **(e) gaudēre:** sich freuen; gaudebam – gaudebas – gaudebat – gaudebamus – gaudebatis – gaudebant; **iacēre:** liegen; iacebam – iacebas – iacebat – iacebamus – iacebatis – iacebant

17. a-Konjugation Futur
educare: erziehen, aufziehen; educabo – educabis – educabit – educabimus – educabitis – educabunt; **expugnare:** erobern; expugnabo – expugnabis – expugnabit – expugnabimus – expugnabitis – expugnabunt; **habitare:** (be)wohnen; habitabo – habitabis – habitabit – habitabimus – habitabitis – habitabunt; **imperare:** befehlen, gebieten, herrschen; imperabo – imperabis – imperabit – imperabimus – imperabitis – imperabunt; **mandare:** anvertrauen, übergeben; mandabo – mandabis – mandabit – mandabimus – mandabitis – mandabunt; **volare:** fliegen, eilen; volabo – volabis – volabit – volabimus – volabitis – volabunt; **existimare:** schätzen, meinen; existimabo – existimabis – existimabit – existimabimus – existimabitis – existimabunt; **putare:** glauben, vermuten, halten für; putabo – putabis – putabit – putabimus – putabitis – putabunt

18. e-Konjugatione Futur
apparēre: erscheinen, sich zeigen; apparebo – apparebis – apparebit – apparebimus – apparebitis – apparebunt; **augēre:** vermehren, vergrößern, fördern; augebo – augebis – augebit – augebimus – augebitis – augebunt; **placēre:** gefallen; placebo – placebis – placebit – placebimus – placebitis – placebunt; **deridēre:** verlachen, verspotten, auslachen; deridebo – deridebis – deridebit – deridebimus – deridebitis – deridebunt; **iubēre:** beauftragen, befehlen, anordnen; iubebo – iubebis – iubebit – iubebimus – iubebitis – iubebunt; **manēre:** bleiben, warten (auf); manebo – manebis – manebit – manebimus – manebitis – manebunt; **delēre:** zerstören, vernichten; delebo – delebis – delebit – delebimus – delebitis – delebunt; **habēre:** haben, halten, besitzen; habebo – habebis – habebit – habebimus – habebitis – habebunt

19. konsonantische Konjugation Futur
condere: gründen; condam – condes – condet – condemus – condetis – condent; **dividere:** teilen, trennen; dividam – divides – dividet – dividemus – dividetis – divident; **rapere:** rauben, fortreißen; rapiam – rapies – rapiet – rapiemus – rapietis – rapient; **surgere:** aufstehen, sich erheben; surgam – surges – surget – surgemus – surgetis – surgent; **concurrere:** zusammenlaufen, zusammenstoßen; concurram – concurres – concurret – concurremus – concurretis – concurrent; **consistere:** sich hinstellen, stehen bleiben, bestehen aus; consistam – consistes – consistet – consistemus – consistetis – consistent; **canere:** singen, besingen; canam – canes – canet – canemus – canetis – canent; **tangere:** berühren, anrühren; tangam – tanges – tanget – tangemus – tangetis – tangent

20. i-Konjugation Futur
aperire: (er)öffnen, aufdecken; aperiam – aperies – aperiet – aperiemus – aperietis – aperient; **pervenire:** gelangen (zu); perveniam – pervenies – perveniet – perveniemus – pervenietis – pervenient; **sentire:** fühlen, spüren, wahrnehmen; sentiam – senties – sentiet – sentiemus – sentietis – sentient; **custodire:** bewahren, (be)hüten; custodiam – custodies – custodiet – custodiemus – custodietis – custodient; **dormire:** schlafen; dormiam – dormies – dormiet – dormiemus – dormietis – dormient; **invenire:** finden, erfinden; inveniam – invenies – inveniet – inveniemus – invenietis – invenient; **punire:** bestrafen; puniam – punies – puniet – puniemus – punietis – punient; **audire:** (zu)hören; audiam – audies – audiet – audiemus – audietis – audient

21. esse, Ableitungen von esse Futur
esse: sich befinden, sein; ero – eris – erit – erimus – eritis – erunt; **adesse:** anwesend sein, da sein, beistehen, helfen; adero – aderis – aderit – aderimus – aderitis – aderunt; **abesse:** abwesend sein, nicht da sein; abero – aberis – aberit – aberimus – aberitis – aberunt; **deesse:** fehlen, mangeln, im Stich lassen, versäumen; deero – deeris – deerit – deerimus – deeritis – deerunt

22. alle Konjugationen Futur
(a) superare: überragen, übertreffen, überwinden; superabo – superabis – superabit – superabimus – superabitis – superabunt; **immolare:** opfern; immolabo – immolabis – immolabit – immolabimus – immolabitis – immolabunt; **(e) studēre:** sich bemühen, danach streben; studebo – studebis – studebit – studebimus – studebitis – studebunt; **timēre:** (be)fürchten, s. fürchten; timebo – timebis – timebit –

timebimus – timebitis – timebunt; **(kons.) intellegere:** erkennen, einsehen; intellegam – intelleges – intelleget – intellegemus – intellegetis – intellegent; **capere:** fassen, ergreifen, erobern, begreifen; capiam – capies – capiet – capiemus – capietis – capient; **(i) venire:** kommen; veniam – venies – veniet – veniemus – venietis – venient; **aperire:** (er)öffnen, aufdecken; aperiam – aperies – aperiet – aperiemus – aperietis – aperient

23. *alle Konjugationen Futur*
(e) pertinēre: gehören zu, sich beziehen auf; pertinebo – pertinebis – pertinebit – pertinebimus – pertinebitis – pertinebunt; **possidēre:** besitzen; possidebo – possidebis – possidebit – possidebimus – possidebitis – possidebunt; **(kons.) abducere:** wegführen; abducam – abduces – abducet – abducemus – abducetis – abducent; **procedere:** vorwärtsgehen, vorrücken; procedam – procedes – procedet – procedemus – procedetis – procedent; **scire:** wissen, kennen, verstehen; sciam – scies – sciet – sciemus – scietis – scient; **pervenire:** gelangen (zu/nach); perveniam – pervenies – perveniet – perveniemus – pervenietis – pervenient; **(a) temperare:** mäßigen, jdn. schonen; temperabo – temperabis – temperabit – temperabimus – temperabitis – temperabunt; **nuntiare:** melden, verkünden, nuntiabo – nuntiabis – nuntiabit – nuntiabimus – nuntiabitis – nuntiabunt

24. *alle Konjugationen Futur*
(kons.) colligere: sammeln, zusammensuchen; colligam – colliges – colliget – colligemus – colligetis – colligent; **incedere:** einherschreiten, hineingehen; incedam – incedes – incedet – incedemus – incedetis – incedent; **(i) reperire:** (wieder)finden; reperiam – reperies – reperiet – reperiemus – reperietis – reperient; **punire:** bestrafen; puniam – punies – puniet – puniemus – punietis – punient; **(a) regnare:** König sein, herrschen; regnabo – regnabis – regnabit – regnabimus – regnabitis – regnabunt; **temptare:** temptabo – temptabis – temptabit – temptabimus – temptabitis – temptabunt; **(e) movēre:** bewegen, beeinflussen; movebo – movebis – movebit – movebimus – movebitis – movebunt; **ridēre:** (aus)lachen, sich lustig machen; ridebo – ridebis – ridebit – ridebimus – ridebitis – ridebunt

25. *alle Konjugationen Präsens, Imperfekt, Futur*
(a) educare: erziehen, aufziehen; educo – educas – educat – educamus – educatis – educant; educabam – educabas – educabat – educabamus – educabatis – educabant; educabo – educabis – educabit – educabimus – educabitis – educabunt; **aedificare:** erbauen; aedifico – aedificas – aedificat – aedificamus – aedificatis – aedificant; aedificabam – aedificabas – aedificabat – aedificabamus – aedificabatis – aedificabant; aedificabo – aedificabis – aedificabit – aedificabimus – aedificabitis – aedificabunt; **expugnare:** expugno – expugnas – expugnat – expugnamus – expugnatis – expugnant; expugnabam – expugnabas – expugnabat – expugnabamus – expugnabatis – expugnabant; expugnabo – expugnabis – expugnabit – expugnabimus – expugnabitis – expugnabunt; **(e) respondēre:** antworten; respondeo – respondes – respondet – respondemus – respondetis – respondent; respondebam – respondebas – respondebat – respondebamus – respondebatis – respondebant; respondebo – respondebis – respondebit – respondebimus – respondebitis – respondebunt; **apparēre:** sich zeigen, erscheinen; appareo – appares – apparet – apparemus – apparetis – apparent; apparebam – apparebas – apparebat – apparebamus – apparebatis – apparebant; apparebo – apparebis – apparebit – apparebimus – apparebitis – apparebunt; **augēre:** vermehren, vergrößeren, fördern; augeo – auges – auget – augemus – augetis – augent; augebam – augebas – augebat – augebamus – augebatis – augebant; augebo – augebis – augebit – augebimus – augebitis – augebunt; **(kons.) condere:** gründen; condo – condis – condit – condimus – conditis – condunt; condebam – condebas – condebat – condebamus – condebatis – condebant; condam – condes – condet – condemus – condetis – condent; **rapere:** rauben, fortreißen; rapio – rapis – rapit – rapimus – rapitis – rapiunt; rapiebam – rapiebas – rapiebat – rapiebamus – rapiebatis – rapiebant; rapiam – rapies – rapiet – rapiemus – rapietis – rapient; **incidere:** hineinfallen, geraten (in), stoßen (auf); incido – incidis – incidit – incidimus – inciditis – incidunt; incidebam – incidebas – incidebat – incidebamus – incidebatis – incidebant; incidam – incides – incidet – incidemus – incidetis – incident; **(i) aperire:** (er)öffnen, aufdecken; aperio – aperis – aperit – aperimus – aperitis – aperiunt; aperiebam – aperiebas – aperiebat – aperiebamus – aperiebatis – aperiebant; aperiam – aperies – aperiet – aperiemus – aperietis – aperient; **dormire:** schlafen; dormio – dormis – dormit – dormimus – dormitis – dormiunt; dormiebam – dormiebas – dormiebat – dormiebamus – dormiebatis – dormiebant; dormiam – dormies – dormiet – dormiemus – dormietis – dormient; **venire:** kommen; venio – venis – venit – venimus – venitis – veniunt; veniebam – veniebas – veniebat – veniebamus – veniebatis – veniebant; veniam – venies – veniet – veniemus – venietis – venient

26. *alle Konjugationen Präsens, Imperfekt, Futur*
(e) placēre: gefallen; placeo – places – placet – placemus – placetis – placent; placebam – placebas – placebat – placebamus – placebatis – placebant; placebo – placebis – placebit – placebimus – placebitis – placebunt; **flēre:** (be)weinen; fleo – fles – flet – flemus – fletis – flent; flebam – flebas – flebat – flebamus – flebatis – flebant; flebo – flebis – flebit – flebimus – flebitis – flebunt; **iubēre:** beauftragen, anordnen, auffordern; iubeo – iubes – iubet – iubemus – iubetis – iubent; iubebam – iubebas – iubebat – iubebamus – iubebatis – iubebant; iubebo – iubebis – iubebit – iubebimus – iubebitis – iubebunt; **(kons.) invadere:** eindringen; invado – invadis – invadit – invadimus – invaditis – invadunt; invadebam – invadebas – invadebat – invadebamus – invadebatis – invadebant; invadam – invades – invadet – invademus – invadetis – invadent; **capere:** fassen, ergreifen, erobern, begreifen; capio – capis – capit – capimus – capitis – capiunt; capiebam – capiebas – capiebat – capiebamus – capiebatis – capiebant; capiam – capies – capiet – capiemus –

capietis – capient; **(i) audire:** (zu)hören; audio – audis – audit – audimus – auditis – audiunt; audiebam – audiebas – audiebat – audiebamus – audiebatis – audiebant; audiam – audies – audiet – audiemus – audietis – audient; **pervenire:** gelangen (zu); pervenio – pervenis – pervenit – pervenimus – pervenitis – perveniunt; perveniebam – perveniebas – perveniebat – perveniebamus – perveniebatis – perveniebant; perveniam – pervenies – perveniet – perveniemus – pervenietis – pervenient; **scire:** wissen, kennen, verstehen; scio – scis – scit – scimus – scitis – sciunt; sciebam – sciebas – sciebat – sciebamus – sciebatis – sciebant; sciam – scies – sciet – sciemus – scietis – scient; **(a) habitare:** (be)wohnen; habito – habitas – habitat – habitamus – habitatis – habitant; habitabam – habitabas – habitabat – habitabamus – habitabant; habitabo – habitabis – habitabit – habitabimus – habitabitis – habitabunt; **superare:** überragen, übertreffen, überwinden; supero – superas – superat – superamus – superatis – superant; superabam – superabas – superabat – superabamus – superabatis – superabant; superabo – superabis – superabit – superabimus – superabitis – superabunt; **vocare:** rufen, nennen; voco – vocas – vocat – vocamus – vocatis – vocant; vocabam – vocabas – vocabat – vocabamus – vocabatis – vocabant; vocabo – vocabis – vocabit – vocabimus – vocabitis – vocabunt

27: alle Konjugationen Präsens, Imperfekt, Futur

(kons.) facere: machen, tun, handeln; facio – facis – facit – facimus – facitis – faciunt; faciebam – faciebas – faciebat – faciebamus – faciebatis – faciebant; faciam – facies – faciet – faciemus – facietis – facient; **tangere:** berühren, anrühren; tango – tangis – tangit – tangimus – tangitis – tangunt; tangebam – tangebas – tangebat – tangebamus – tangebatis – tangebant; tangam – tanges – tanget – tangemus – tangetis – tangent; **caedere:** fällen, töten, niederhauen; caedo – caedis – caedit – caedimus – caeditis – caedunt; caedebam – caedebas – caedebat – caedebamus – caedebatis – caedebant; caedam – caedes – caedet – caedemus – caedetis – caedent; **(i) sentire:** fühlen, spüren, wahrnehmen; sentio – sentis – sentit – sentimus – sentitis – sentiunt; sentiebam – sentiebas – sentiebat – sentiebamus – sentiebatis – sentiebant; sentiam – senties – sentiet – sentiemus – sentietis – sentient; **custodire:** bewahren, behüten; custodio – custodis – custodit – custodimus – custoditis – custodiunt; custodiebam – custodiebas – custodiebat – custodiebamus – custodiebatis – custodiebant; custodiam – custodies – custodiet – custodiemus – custodietis – custodient; **reperire:** (wieder)finden; reperio – reperis – reperit – reperimus – reperitis – reperiunt; reperiebam – reperiebas – reperiebat – reperiebamus – reperiebatis – reperiebant; reperiam – reperies – reperiet – reperiemus – reperietis – reperient; **(a) temperare:** mäßigen, jdn. schonen; tempero – temperas – temperat – temperamus – temperatis – temperant; temperabam – temperabas – temperabat – temperabamus – temperabatis – temperabant; temperabo – temperabis – temperabit – temperabimus – temperabitis – temperabunt; **mandare:** anvertrauen, übergeben; mando – mandas – mandat – mandamus – mandatis – mandant; mandabam – mandabas – mandabat – mandabamus – mandabatis – mandabant; mandabo – mandabis – mandabit – mandabimus – mandabitis – mandabunt; **volare:** fliegen, eilen; volo – volas – volat – volamus – volatis – volant; volabam – volabas – volabat – volabamus – volabatis – volabant; volabo – volabis – volabit – volabimus – volabitis – volabunt; **(e) manēre:** bleiben, warten (auf); maneo – manes – manet – manemus – manetis – manent; manebam – manebas – manebat – manebamus – manebatis – manebant; manebo – manebis – manebit – manebimus – manebitis – manebunt; **delēre:** zerstören, vernichten; deleo – deles – delet – delemus – deletis – delent; delebam – delebas – delebat – delebamus – delebatis – delebant; delebo – delebis – delebit – delebimus – delebitis – delebunt; **pertinēre:** sich beziehen auf, gehören zu; pertineo – pertines – pertinet – pertinemus – pertinetis – pertinent; pertinebam – pertinebas – pertinebat – pertinebamus – pertinebatis – pertinebant; pertinebo – pertinebis – pertinebit – pertinebimus – pertinebitis – pertinebunt

Und zu guter Letzt...

....ein herzliches **Dankeschön** an all diejenigen, die mich bei diesem Projekt unterstützt haben!!!

Hannon le!

CPSIA information can be obtained
at www.ICGtesting.com
Printed in the USA
BVHW012248240219
540922BV00066B/551/P